国家社会科学基金项目"玉米收储政策改革的效率检视、目标设
（项目编号：20BJY147）
教育部人文社会科学研究青年基金项目"玉米收储政策改革：市场
研究"（项目编号：18YJC790102）
国家社会科学基金项目"小农户土地承包权退出问题研究"（项目
吉林省农业科技创新工程自由创新项目"吉林省农业适度经营规模认定及其支撑条件研
究"（项目编号：CXGC2018ZY011）

经济管理学术文库·经济类

粮食主产区农民收入问题研究

Study on the Issues of Farmers' Income in Major Grain Producing Areas

刘　帅　李晶晶　余晓洋　吴　迪／著

经济管理出版社
ECONOMY & MANAGEMENT PUBLISHING HOUSE

图书在版编目（CIP）数据

粮食主产区农民收入问题研究/刘帅等著 . —北京：经济管理出版社，2020. 10
ISBN 978 – 7 – 5096 – 7449 – 9

Ⅰ . ①粮…　Ⅱ . ①刘…　Ⅲ . ①粮食产区—农民收入—研究—中国　Ⅳ . ①F323. 8

中国版本图书馆 CIP 数据核字（2020）第 178528 号

组稿编辑：曹　靖
责任编辑：曹　靖　郭　飞
责任印制：黄章平
责任校对：董杉珊

出版发行：经济管理出版社
　　　　　（北京市海淀区北蜂窝 8 号中雅大厦 A 座 11 层　100038）
网　　　址：www. E – mp. com. cn
电　　　话：（010）51915602
印　　　刷：北京玺诚印务有限公司
经　　　销：新华书店
开　　　本：720mm×1000mm/16
印　　　张：12. 75
字　　　数：201 千字
版　　　次：2020 年 10 月第 1 版　　2020 年 10 月第 1 次印刷
书　　　号：ISBN 978 – 7 – 5096 – 7449 – 9
定　　　价：88. 00 元

前　　言

　　收入，已成为衡量一个家庭生活质量、一个国家发展实力的标准之一。从微观的角度来看，家庭收入决定着居民个人物质需求以及精神需求；从宏观的角度来看，国家收入决定着整个国家的经济发展、社会安定、国民幸福，因而收入已经成为影响到人类发展进程的关键要素。中华人民共和国成立时，为了满足国家经济发展的需要，国家以牺牲农业为代价，大力发展工业，虽然实现了工业发展的目标，却也导致了负面影响——农业发展的滞后。相较于发达国家，我国农业生产方式粗放，农民的投入产出比低下，农村发展进程缓慢，"三农"的短板导致我国农业与发达国家的差距愈来愈大。因而农民的收入问题成为我国需要解决的核心问题。

　　从历史发展来看，我国农民收入大体呈现增长的趋势。自 1978 年以来，我国农民家庭人均收入从 133.6 元增至 2018 年的 14617 元。从表象来看，农民家庭人均收入增长程度很大，但是与城镇居民家庭人均收入相比，农民家庭人均收入具有很大的增长潜力。首先，农民家庭人均收入与城镇居民家庭平均每人可支配收入存在较大的差距。1978～2018 年，城市居民家庭平均每人可支配收入由 343.4 元上升到 39251 元（绝对数），以 1978 年为基期，年均增长 12.58%（1978 年＝100）；而农民家庭人均收入由 133.6 元增至 14617 元（绝对数），以 1978 年为基期，年均增长 12.45%。虽然城乡居民收入年均增速仅相差 0.13 个百分点，但因基数不同，城镇居民家庭人均可支配收入与农村居民家庭人均收入之间的差距出现显著扩大的趋势，从 2.57 扩大至 2.69（以农村居民为 1）。其次，农村居民家庭食品消费支出相对较高，即恩格尔系数偏高。改革开放以来，我国农村居民家庭的恩格尔系数表现出明显的下降态势，虽然由 1978 年的 67.7% 下降到 2018 年的 24.94%，下降了 42.76 个百分点，但仍可以看出农村居民家庭的恩格尔系数依然很高，表明农村居民的消费支出仍然集中在食品层面。从另一个角度来看，也反映出农民的收入水平仍然没有较大程度的提高，生活质量处于较低层次。从联合国粮农组织对于贫富的界定标准来看，自 2000 年，我国农村居民家庭由温饱阶段上升到小康阶段，而自 1996 年，城镇居民家庭就由温饱阶段上升到小康阶段。最后，我国东中西部地区农民收入的发展表现出极不平衡的状态。与东部等发达的地区农民收入相比，粮食主产区和西部地区农民收入处于较低水平。以 2017 年为例，农民家庭人均收入排名前十的省（直辖市）分别为：上海（27825 元）、浙江（21125.0 元）、北京（24240.5 元）、天津（21753.7 元）、江苏（19158.0元）、福建（16334.8 元）、广东（15779.7 元）、山东（15117.5 元）、湖北（13812.1 元）、辽宁（13746.8 元）。其中，仅有四个粮食主产区（江苏、山东、湖北、辽宁）位列前十名，且与其他几个省（直辖市）差距颇大，如粮食主产区中农民人均收入最高的江苏省，与全国排名第一的上海市相差 8667元，占当年江苏农民人均纯收入的 45.24%。

目前，我国正处于全面建成小康社会和大力推进实施乡村振兴战略的关键阶段，而农民的生活质量、收入水平一定程度上决定着全面建成小康社会和乡村振兴战略能否顺利实现。因而提高粮食主产区以及中西部等相对落后地区的农民收入显得尤为重要。一方面，我国国土辽阔，地理条件优越，适宜粮食生产，直接促使我国成为世界粮食生产大国；另一方面，我国人口众多，劳动密集型产业较多，也直接促使我国成为世界粮食消费大国。因而粮食供给是否能够充足成为世界各国关注的焦点，这不但影响到我国人民的吃饭问题，也关系着世界其他国家的人民的安全问题，可见，粮食问题的重要性已经不言而喻。我国粮食主产区粮食贡献率超过 75%，说明粮食主产区的粮食生产是粮食安全保障的主要力量。因而确保粮食主产区的农民收入保持增长，既能够缩小城乡居民收入差距，又能确保农民种粮积极性，进而保证国家粮食安全。

基于粮食主产区农民增收的重要性，政府专门制定了相应的惠农惠民政策。2004～2018年，中共中央、国务院连续十五年关注"三农问题"，每年的中央一号文件均会总结近一年的"三农"发展中存在的问题，进而提出促进农民增收的思路。2004年《中共中央国务院关于促进农民增加收入若干政策的意见》、2008年《中共中央国务院关于切实加强农业基础建设进一步促进农业发展农民增收的若干意见》，专门立足农业基础设施建设的角度，即完善农业基础设施建设，以实现农民增收的目标。2010年《中共中央国务院关于加大统筹城乡发展力度进一步夯实农业农村发展基础的若干意见》，从城乡均衡发展的层面，增加农民的资源占有量，即促进资源由城市流入农村。一方面，专门提出健全强农惠农政策体系，推动资源要素向农村配置；另一方面，完善惠农政策措施，优化农业补贴制度，具体为增加种粮农民直接补贴、良种补贴、农业生产资料综合补贴和农机具购置补贴"四补贴"的补贴额度。2017年"国务院关于深入推进农业供给侧结构性改革加快培育农业农村发展新动能的若干意见"，以产业结构为着力点，据各地农业发展的实情，精准增收。粮食作物优势区，继续实施适度规模经营；经济作物优势区，继续保持高效种植；养殖优势区，优化粮改饲的生产结构，保持高效养殖；相对适中的地区，适当调整粮经饲种植结构。不同的农业区域，合理配置资源，以形成专业化的、标准化的农业产业园区，最终实现农产品的高附加值的目标，增加农民收入。

在一系列政策作用下，粮食主产区农民收入得到了明显的提高。但从横向和纵向对比上来看，粮食主产区农民增收仍有很大的空间。本书旨在从收入结构的角度进行深入分析，试图挖掘粮食主产区农民未来的增收途径。我国目前的13个粮食主产区中，吉林省是少数几个具有粮食外调能力的省份之一。加之工业发展相对滞后，其农民收入增长和结构变动具有一定的代表性。因此，本书在具体研究过程中，在分析粮食主产区农民收入变动的基础上，以吉林省为具体样本，分析其农民收入结构变化及影响因素、农民收入结构变化对农村居民消费和职业分化的影响。因吉林省地处黄金玉米带，玉米是农民种植的主要作物品种，同时，吉林省人均耕地资源较为丰富，对非农就业产生一定的影响，所以本书又进一步分析了玉米价格变化与农民家庭经营收入之间的关系、非农就业与农民工资性收入之间的关系。粮食主产区农民收入结构的变化，在一定程度上受到相关政策的影响。在分析粮食价格支持与补贴政策之后，本书重点分析了玉米临时收储政策的相关效应。最后，基于对粮食主产区困境与出路的分析，探讨了实现粮食主产区农民增收的路径选择。

目　　录

第1章　粮食主产区农民收入变动分析 ················· 1

　1.1　粮食主产区农民收入总体状况分析 ············· 1

　1.2　粮食主产区农民收入结构变动分析 ············· 4

　1.3　粮食主产区农民收入与粮食生产变动关系分析 ········· 10

　1.4　粮食产量与农民收入的协整关系检验 ············ 21

第2章　吉林省农民收入变动分析 ················· 23

　2.1　吉林省农民收入总体状况 ················· 23

　2.2　吉林省农民收入结构变动分析 ··············· 27

　2.3　吉林省农民收入与粮食生产变动关系分析 ·········· 36

　2.4　粮食产量与农民收入的协整关系检验 ············ 40

第3章　吉林省农民各收入来源影响因素分析 ··········· 42

　3.1　各收入来源内部结构分析 ················· 43

　3.2　家庭经营收入的影响因素分析 ··············· 46

　3.3　工资性收入的影响因素分析 ················ 57

　3.4　财产性收入的影响因素分析 ················ 61

　3.5　转移性收入的影响因素分析 ················ 63

第4章 吉林省农民收入影响因素实证分析 ·············· 66

4.1 农民收入影响因素分析 ·························· 66

4.2 农民收入影响因素实证结果分析 ··············· 74

4.3 农民收入滞后期影响因素分析 ················· 78

第5章 吉林省农民收入结构变动效应分析 ·············· 83

5.1 吉林省农民收入结构变动与农村居民消费 ······· 83

5.2 吉林省农民收入结构变动与职业分化 ··········· 94

第6章 玉米价格变化与吉林省农民家庭经营性收入 ······· 107

6.1 吉林省玉米价格和农民家庭经营性收入变动特征 ····· 107

6.2 玉米价格变动对吉林省农民家庭经营性收入影响实证分析 ····· 117

6.3 玉米价格下降对吉林省农民家庭经营性收入的影响分析 ······· 123

第7章 非农就业与吉林省农民工资性收入 ·············· 133

7.1 问题的提出 ································· 133

7.2 分析框架与研究假说 ······················· 135

7.3 数据来源与变量描述 ······················· 138

7.4 模型构建与实证结果分析 ··················· 141

7.5 倾向得分匹配的稳健性分析 ················· 144

7.6 研究结论 ································· 145

第8章 粮食主产区农民收入支持政策评价 ·············· 148

8.1 粮食价格支持与补贴政策 ··················· 148

8.2 玉米临时收储政策 ························· 154

第 9 章　粮食主产区农民增收路径选择 ·································· 167

　9.1　粮食主产区的困扰与出路 ························· 167

　9.2　制约粮食主产区农民收入增长的原因 ············· 174

　9.3　实现粮食主产区农民增收路径 ··················· 177

参考文献 ··· 182

第1章 粮食主产区农民收入变动分析

本章研究粮食主产区粮食生产和农民人均收入增长总体变动状况，并与全国及非主产区农村居民人均收入进行比较，对主产区内不同省份之间的农民收入结构的差异进行分析，总结探寻不同阶段下粮食生产与农民收入之间的内在关系。

1.1 粮食主产区农民收入总体状况分析

改革开放政策实施以来，尤其在家庭联产承包责任制逐步建立以后，中国农村居民人均收入快速增长。我国农民人均收入由 1978 年的 133.6 元增长到 2016 年的 12363.4 元，增长了 92.54 倍，年均增长率为 12.65%（见图 1-1）。然而中国农民收入总体保持持续增长趋势的同时，农民的收入差距也逐渐拉大，粮食主产区与粮食主销区、粮食产销平衡区的农民收入区域间差距较大，粮食主产区内部不同省份之间，由于资源禀赋等生产要素的不同，区域内也存在着显著的收入差距。主产区与主销区之间的差距大于区域内差距，粮食主产区农民人均收入增长落后于我国农民人均收入增长的整体水平。

粮食主产区是指具有一定的地理、土壤、气候资源等比较优势的粮食重点生产区，包括黑龙江、吉林、辽宁、内蒙古、河北、河南、山东、江苏、安徽、江西、湖北、湖南、四川 13 个省（自治区）。这些地区作为保证国家粮

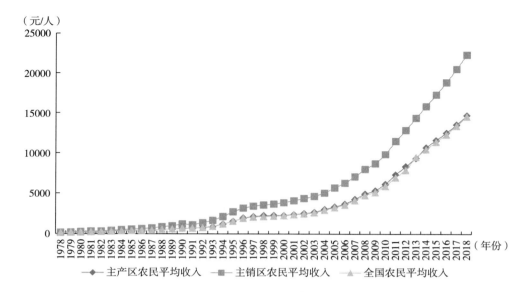

图 1-1 主产区、主销区及全国农民人均收入变化趋势

资料来源：布瑞克农业数据库、《中国统计年鉴 2019》。

食安全的重要力量，在国家粮食供给中占据主要地位，粮食总产量占全国总产量的 75% 以上。1978～2016 年，粮食主产区农民人均收入快速增加，从 127.6 元增长到 12564.38 元，增长了 98.46 倍，平均每年增长 318.89 元。

　　粮食主销区是指经济相对发达，但人多地少，粮食自给率低，粮食产量和需求缺口较大的粮食消费地区，包括北京、天津、上海、浙江、福建、广东、海南 7 个省（直辖市）。1978～2016 年主销区农民人均收入上涨 20373.69 元，增长了 122.33 倍，年均增长率为 13.48%，始终领先于主产区农民人均收入。2016 年粮食主销区农民人均收入达 18875.13 元，比全国平均水平高出 6511.73 元，比粮食主产区农民人均收入高出 6310.74 元。虽然粮食主产区与主销区农民人均收入都呈现上升趋势，并且两者的相对差距有缩小的趋势，但是绝对差距却在不断拉大，且相对差距一直处于 1.5 倍以上。2015～2016 年主产区农民人均收入的增长幅度不仅低于主销区，甚至低于全国平均水平，如

表 1 - 1 所示。

表 1 - 1　粮食主产区各省份主要年份收入水平　　　　单位：元／人

年份 省份	1978	1985	1992	2000	2004	2008	2016	2017	2018
河北	91.5	385.23	682.48	2478.86	3171.06	4795.46	11919.4	12880.9	14030.9
内蒙古	100.3	360.41	672.17	2038.21	2606.37	4656.18	11609	12584.3	13802.6
辽宁	165.2	467.84	995.1	2355.58	3307.14	5576.48	12880.7	13746.8	14656.3
吉林	179.2	413.74	807.41	2022.5	2999.62	4932.74	12122.9	12950.4	13748.2
黑龙江	167.9	397.84	949.2	2148.22	3005.49	4855.59	11831.9	12664.8	13802.7
江苏	152.1	492.6	1060.71	3595.09	4753.85	7356.47	17605.6	19158	20845.1
安徽	101.7	369.41	573.58	1934.57	2499.33	4202.49	11720.5	12758.2	13996
江西	140.7	377.31	768.41	2135.3	2786.78	4697.19	12137.7	13241.8	14459.9
山东	101.2	408.12	802.9	2659.2	3507.43	5641.43	13954.1	15117.5	16297
河南	101.4	329.37	588.48	1985.82	2553.15	4454.24	11696.7	12719.2	13830.7
湖北	106.5	421.24	677.82	2268.59	2890.01	4656.38	12725	13812.1	14977.8
湖南	134.4	395.26	739.42	2197.16	2837.76	4512.46	11930.4	12935.9	14092.5
四川	116.7	315.07	634.31	1903.6	2518.93	4121.21	11203.1	12226.9	13331.4

资料来源：布瑞克农业数据库、《中国统计年鉴 2019》。

　　粮食主产区内依照各省情况看，东部地区经济更为发达，农民人均收入也相对更高。江苏省农民人均收入一直位居粮食主产区榜首，农村居民人均收入从 1978 年的 152.1 元上涨到 2016 年的 17605.6 元，增长 115.75 倍，从全国平均水平来讲，江苏省农民人均收入也一直位于前十名以内。2016 年，江苏省农民人均收入达到 17605.6 元，比全国高出 4969.2 元，相比主产区农民人均收入最低的省份四川省高出 6402.5 元，是四川省的 1.57 倍。山东省农民人均收入一直处于全国的中上水平，2016 年山东省农民人均收入为 13954.1 元，比 1978 年增加了 13852.9 元，增长 137.88 倍，比全国平均水平高 1590.7 元，相比主产区平均水平高 1389.72 元。2016 年湖北省农民人均收入 12725 元，比 1978 年增加了 12618.5 元，增长 119.48 倍多，比全国平均水平高 361.6 元，相比主产区平均水平高 160.62 元。湖南省排名近几年来升至中上位次，2016

年湖南省农民人均收入为 11930.4 元，比 1978 年增加 11796 元，增长 88.76 倍，比全国平均水平低 433 元，相比主产区平均水平低 633.98 元。中部地区人均收入的微弱变动主要来源于转移性收入，例如东北地区的吉林省和黑龙江省，由于国家惠农政策倾斜，转移性收入相比较其他主产区的中部城市较高，2012 年吉林省和黑龙江省农民的转移性收入分别为 795.6 元和 773 元，河南省人均转移性收入仅为 426.7 元，与吉林省相差 368.9 元。西部地区人均收入较低，内蒙古自治区农业生产方式较为粗放，灌溉技术和土壤条件较差，粮食生产效率低下，限制了农民增收。

1.2 粮食主产区农民收入结构变动分析

粮食主产区农民人均收入内部结构分为工资性收入、家庭经营收入、财产性收入、转移性收入四项内容，属于典型的以家庭经营收入为主、工资性收入为辅，财产性收入和转移性收入为补充的格局。在农业生产过程中，不同收入之间的比例呈现出此消彼长的趋势。随着经济社会快速发展，农业与其他行业比较效益差距不断拉大，农民打工收入呈现快速上涨趋势，工资性收入占农民收入的比重不断加大，农业劳动力流出人口数量增加，农村土地流转速度逐渐加快，粮食生产退出现象凸显。主产区农民人均收入结构变动基本上与全国水平一致，在粮食主产区农民家庭经营性收入比重虽然有下降趋势，但其收入贡献率始终排在第一的地位。东部地区农民工资性收入占比高于中西部地区，工资性收入在各类收入占比中排在第二的位置，且呈现逐年上升的趋势。尽管粮食主产区、主销区及全国农民的工资性收入占比都逐渐上升，但工资性收入占比始终未能超过家庭经营性收入占比。而粮食主产区农民财产性收入占比略有下降，贡献率波动幅度较小，粮食主产区农民转移性收入近年来所占比例上升明显，受到国家惠农强农政策倾斜的影响明显超过主销区和全国平均水平，贡献率呈波动上升趋势。

1.2.1　粮食主产区农民家庭经营收入变动分析

改革开放初期，农村经济结构以及农民收入结构较为单一。农民生产基本以农业为主，尤其是以粮食生产为主。单一的种植结构决定了农民的收入结构的单一，获取收入的渠道也较为狭窄。如表 1－2 所示，1978 年粮食主产区农民家庭经营性收入在人均收入中占比为 62.85%。在粮食实现大增产之后，为农村调整经济结构奠定了基础。乡镇企业蓬勃发展，引发了农民收入来源的变化，农业收入逐渐减少，非农收入开始增长。1992 年国家对粮食收购价格做了恢复性调整，收购价格提高到 103.16%，刺激了粮食生产，粮食市场供求状况形成较好平衡。农民调整生产结构，尤其是非主产区农民不断拓宽增收渠道，收入日益多样化。到 2018 年家庭经营性收入在农民人均收入中仍然占有主要地位，但其比重在平稳下降。主产区、主销区及全国农民的家庭经营性收入占比均呈现出下降趋势，分别从 62.85%、36.17% 和 59.24% 下降到 40.51%、20.95% 和 36.66%，分别下降了 22.28、15.22 和 22.58 个百分点。尽管如此，主产区农民的家庭经营性收入占比仍然是最高的，在 40% 以上，基本上是主销区的 2 倍。

表 1－2　2002～2018 年不同地区农民人均家庭经营收入变动状况

地区 年份	主产区 （元）	占比（%）	主销区 （元）	占比 （%）	全国平均 （元）	占比 （%）
2002	1583.23	62.85	1587.24	36.17	1466.48	59.24
2003	1645.30	61.76	1674.95	35.98	1545.6	58.94
2004	1908.90	62.93	1827.26	36.06	1724.38	58.72
2005	2012.40	60.12	1931.42	33.82	1822.88	56.00
2006	2110.05	57.02	2042.06	32.38	1913.33	53.34
2007	2401.02	55.95	2302.21	32.40	2172.4	52.47

续表

年份\地区	主产区（元）	占比（%）	主销区（元）	占比（%）	全国平均（元）	占比（%）
2008	2704.93	54.55	2458.69	30.59	2397.33	50.36
2009	2810.76	52.63	2495.39	28.55	2480.61	48.14
2010	3179.51	51.61	2726.12	27.57	2788.32	47.11
2011	3683.19	50.07	2986.01	25.88	3161.54	45.31
2012	4069.22	48.65	3199.76	24.78	3470.95	43.84
2013	4465.17	47.51	3235.37	22.41	3793.17	39.76
2014	4920.03	45.79	3720.98	23.41	4237.39	40.40
2015	5213.09	44.77	3928.07	22.65	4503.58	39.43
2016	5344.93	42.54	4200.27	22.25	4741.30	38.35
2017	5589.98	41.10	4451.14	21.67	5027.80	37.43
2018	5987.12	40.57	4675.84	20.95	14617.00	36.66

资料来源：布瑞克农业数据库、《中国统计年鉴2019》。

主产区各个省份对种植业收入的依赖程度也不相同，2015年人均种植业收入在粮食主产区中最高的省份是吉林省，达到7878.07元。种植业方面的收入远远大于工资性收入、家庭自营性收入，吉林省农民人均土地多，相对其他省份农民外出打工较少，所以农民的收入主要是种植业收入。

1.2.2 粮食主产区农民工资性收入变动分析

工资性收入所占比重在农民人均收入中处于第二的位置，如表1-3所示，主产区农民和全国农民的工资性收入占比呈现波动趋势，而主销区乡镇企业发达，就业空间大，剩余劳动力转移较为容易，农民非农就业机会多，因此主销区农民的工资性收入占比均呈现上升趋势，始终高于主产区和全国平均水平。主产区、主销区和全国农民工资性收入比分别从32.65%、52.46%和41.81%上升到6.89%、58.98%和41.02%，分别增加了4.24、6.52、-0.79个百分点。由此可知主产区农民的工资性收入占比提升的百分点最少。

表 1 - 3 2002～2018 年不同地区农民人均工资性收入变动状况

地区 年份	主产区 （元）	占比（%）	主销区 （元）	占比 （%）	全国平均 （元）	占比 （%）
2002	822.34	32.65	2301.8	52.46	1035.04	41.81
2003	885.80	33.25	2444.13	52.50	1141.11	43.52
2004	953.53	31.43	2634.39	51.98	1206.78	41.10
2005	1109.72	33.15	3047.11	53.35	1394.47	42.84
2006	1319.82	35.66	3410.54	54.08	1601.03	44.63
2007	1540.36	35.89	3788.39	53.31	1827.48	44.14
2008	1780.06	35.90	4294.94	53.44	2100.79	44.13
2009	1961.08	36.72	4748.07	54.33	2324.65	45.11
2010	2318.52	37.63	5439.34	55.01	2718.01	45.92
2011	2877.12	39.11	6481.60	56.17	3314.05	47.50
2012	3365.72	40.24	7382.31	57.18	3447.46	43.55
2013	3759.38	40.00	8262.56	57.22	4025.37	42.20
2014	3955.75	36.82	9660.34	60.78	4152.20	39.59
2015	4158.19	35.71	10607.71	61.17	4600.31	40.28
2016	4519.12	35.97	10667.62	56.52	5021.8	40.62
2017	5007.99	36.82	12506.54	60.88	5498.4	40.93
2018	5444.57	36.89	13161.93	58.98	5996.1	41.02

资料来源：布瑞克农业数据库、《中国统计年鉴 2019》。

在主产区各省份中，以 2015 年为例，江苏省的人均工资性收入最高，达到 8014.95 元，人均种植业收入为 5619.42 元。江苏省二三产业较发达，劳动力需求较大，农民农忙期间种植农作物，农闲期间就近打工或自己经营工商业，农民总的人均收入较高。2015 年河南省农民的人均收入仅有 10852.9 元，在主产区省份中排名第十。河南省农民外出务工的比重较高，人均工资性收入较高，相对来说农民工资收入较多，主要由于地少人多，农民多数依靠外出打工增加家庭收入。人均工资性收入已经成为了部分省份农户的第一收入来源，外出打工已成为了农民收入的最重要组成部分；单靠种植业为生的情况被打破，农民的收入种类日趋多样化。

1.2.3 粮食主产区农民财产性收入变动分析

2002～2018 年财产性收入占收入比重随着农民收入的增加而增加。财产性收入虽然在各类收入中占农民收入比重最小，但呈现出逐年增长的趋势。由于财产性收入的基数相对较小，增幅也并不高。

如表 1 - 4 所示，首先，2002～2018 年主产区、主销区及全国农民的财产性收入占比均呈现上升趋势；占比分别从 1.52%、3.46% 和 2.53% 变化为 2.48%、3.59% 和 2.34%；主产区农民的财产性收入占比和增幅均略高于全国平均水平，但明显低于主销区。原因在于当农民收入较高时，用于财产投资的闲置资金才会随之增加。只有当农民可支配收入提高到一定程度时，财产性收入才具备进一步增长的可能。我国农民的财产性收入较国际正常水平的40% 有着一定的差距，尚有很大的提升空间。

表 1 - 4　2002～2018 年不同地区农民人均财产性收入变动状况

地区 年份	主产区 （元）	占比（%）	主销区 （元）	占比 （%）	全国平均 （元）	占比 （%）
2002	38.35	1.52	151.83	3.46	62.54	2.53
2003	56.93	2.14	178.47	3.83	80.47	3.07
2004	62.51	2.06	214.09	4.22	92.42	3.15
2005	86.09	2.57	256.99	4.50	115.48	3.55
2006	94.10	2.54	294.11	4.66	129.02	3.60
2007	124.02	2.89	363.37	5.11	163.56	3.95
2008	129.76	2.62	495.09	6.16	199.95	4.20
2009	154.47	2.89	502.75	5.75	215.45	4.18
2010	199.52	3.24	510.07	5.16	222.07	3.75
2011	234.85	3.19	565.44	4.90	251.53	3.60
2012	245.38	2.93	589.46	4.57	252.78	3.19
2013	246.40	2.62	706.70	4.89	293.05	3.07

续表

地区 年份	主产区 （元）	占比（%）	主销区 （元）	占比 （%）	全国平均 （元）	占比 （%）
2014	246.52	2.29	808.19	5.08	301.56	2.88
2015	273.06	2.34	1009.44	5.82	333.25	2.92
2016	293.94	2.34	646.54	3.43	272.10	2.20
2017	328.26	2.41	721.29	3.51	303.00	2.26
2018	365.63	2.48	801.54	3.59	342.10	2.34

资料来源：布瑞克农业数据库、《中国统计年鉴2019》。

1.2.4　粮食主产区农民转移性收入变动分析

近年来随着国家不断加大对农业的扶持力度，主产区、主销区及全国农民的转移性收入占比也均呈现上升趋势。国家的一些农业政策例如粮食直补、农业税减免等政策为粮食主产区农民增收创造了有利的外部条件，粮食补贴政策提高了农民种粮积极性，有效促进了粮食主产区农民收入增长。

表1-5　2002~2018年不同地区农民人均转移性收入变动状况

地区 年份	主产区 （元）	占比 （%）	主销区 （元）	占比 （%）	全国平均 （元）	占比 （%）
2002	74.99	2.98	225.77	5.12	110.73	4.47
2003	76.22	2.86	224.54	4.85	112.34	4.28
2004	108.65	3.58	264.00	5.21	137.80	4.69
2005	138.95	4.15	348.41	6.10	178.74	5.49
2006	176.82	4.78	433.67	6.88	227.76	6.35
2007	226.22	5.27	523.40	7.37	280.11	6.77
2008	343.59	6.93	673.44	8.38	392.59	8.25
2009	414.70	7.76	863.69	9.88	492.72	9.56
2010	463.28	7.52	1034.64	10.46	567.67	9.59
2011	560.79	7.62	1272.83	11.03	703.11	10.08

续表

地区 年份	主产区 （元）	占比 （%）	主销区 （元）	占比 （%）	全国平均 （元）	占比 （%）
2012	683.93	8.18	1497.67	11.60	855.87	9.91
2013	731.33	7.78	1900.76	13.16	784.32	8.97
2014	1818.99	16.93	1952.93	12.29	1877.22	17.9
2015	2000.91	17.18	2173.93	12.54	2066.30	18.09
2016	2378.98	18.93	2507.86	13.29	2328.20	18.83
2017	2673.45	19.66	2862.60	13.94	2603.20	19.38
2018	2987.35	20.24	3676.49	16.47	2920.50	19.98

资料来源：布瑞克农业数据库、《中国统计年鉴2019》。

2002年我国开始将部分地区作为试点施行粮食直接补贴政策，将粮食流通环节的补贴直接补贴给农民，6亿多农民从中直接受益。粮食直接补贴政策给全国农民尤其是粮食主产区的农民带来了显著的巨大利益。如表1-5所示，2002~2018年转移性收入占比在农业主产区、农业主销区和全国平均水平分别从2.98%、5.12%和4.47%上升到了20.24%、6.47%和19.98%；主产区农民的转移性收入占比和增幅均高于主销区和全国平均水平，上升速度最快。2016年"价补分离"政策的提出，直接影响拥有土地经营权农民的粮食生产积极性和家庭经营性收入。

1.3 粮食主产区农民收入与粮食生产变动关系分析

粮食主产区作为我国商品粮的主要来源地，实现粮食稳定增产，保证粮食的稳定供应，对于促进国民经济健康持续发展具有重要的战略意义，其粮食生产状况直接关系到我国的粮食安全。粮食主产区内不同的省份人均粮食产量和农民人均收入存在较大差距。

黑龙江省作为我国第一产粮大省和商品粮大省，粮食产量比其他省份的粮食产量高，明显高于山东、吉林、河南等省份，这得益于其耕地优势和国家的扶持政策。如表 1 - 6 所示，黑龙江省粮食种类的分布较为单一，主要作物为玉米和大豆，2018 年粮食总产量达 7506.80 万吨，较辽宁省高出 5406.17 万吨。山东省的农民人均收入在粮食主产区中排名第二，仅次于江苏省，工资性收入占农民人均收入的 43%，而种植业收入占农民人均收入的比重小于工资性收入。吉林省大部分农户以玉米为主要种植作物，2018 年玉米总产量为 2799.88 万吨，也有农民种植水稻、大豆，这两种粮食作物 2018 年的总产量为 646.32 万吨和 55.14 万吨。河南省作为传统的农业大省，玉米和小麦是主要的种植作物，2018 年玉米总产量和小麦总产量分别为 2351.38 万吨和 3602.85 万吨，另外作为我国的农业人口大省之一，人均耕地面积较少，导致人均粮食产量较低。

表 1 - 6　粮食主产区各省 2018 年主要粮食产量　　　单位：万吨

品种 省份	玉米	小麦	稻谷	大豆	粮食总产量
河北	1941.15	1450.73	52.49	21.23	3700.86
内蒙古	2699.95	202.29	121.86	179.40	3553.28
辽宁	1465.64	2.20	484.59	28.20	2100.63
吉林	2799.88	0.04	646.32	55.14	3632.74
黑龙江	3982.16	36.18	2685.54	657.77	7506.80
江苏	3982.16	36.18	2685.54	657.77	7506.80
安徽	595.61	1607.45	1681.21	97.49	4007.25
江西	15.65	3.17	2092.20	26.27	2190.70
山东	2607.16	2471.68	98.59	43.33	5319.51
河南	2351.38	3602.85	501.41	95.57	6648.91
湖北	323.38	410.37	1965.62	34.21	2839.47
湖南	202.82	8.01	2674.01	26.51	3022.90
四川	1066.30	247.30	1478.60	88.80	3493.70

资料来源：布瑞克农业数据库、《中国统计年鉴 2019》、国家统计局。

粮食生产与农民收入在不同背景和宏观经济环境影响下，双方关系也在不断变化。当农民收入主要依靠种植业时，工资所得收入减少便会影响总体收入，粮食生产与农民收入的协调性并不是一成不变的。1978～2018年，从农民增收和粮食增产的变动关系看，大部分年份呈正向变动趋势。由于粮食生产收益较低，农民以粮为主的收入结构正面临着日渐弱化的趋势。除个别年份外，粮食主产区粮食产量增长曲线与农民人均收入增长曲线变化轨迹基本相似，如图1-2所示。总的来讲，当粮食生产发展较快时，农民的收入增加也较多，粮食产量和农民收入基本呈正向的关联性，但是时强时弱，并不十分稳定。从整个过程来看，粮食主产区粮食生产与农民人均收入变动关系可大致划分为五个不同的发展阶段。

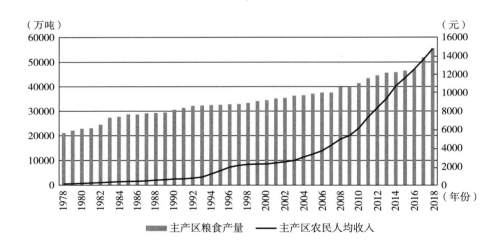

图1-2　主产区粮食产量和主产区农民人均收入变化趋势

资料来源：布瑞克农业数据库、《中国统计年鉴2019》。

1.3.1　粮食发展与农民收入呈正向关系（1978～1984年）

改革开放初期，国家面临粮食短缺的难题，政府采取多项措施发展粮食生产，追求产量最大化成为此阶段政府的首要目标。粮食增产与农民增收在此阶段协调发展。家庭联产承包责任制实行之后，大大刺激了农民发展粮食生产的热情，农民生产的积极性相比以前有了质的飞跃，农产品的总供给量大幅增加。同时，政府同步出台了多项战略举措，例如国家较大幅度地提高了农副产品的收购价格，进一步提升了农民的生产积极性。1984 年与 1978 年相比，粮食收购价格提高了 98.07%，比同期整个农产品收购价格增长指数多 44.5 个百分点。同时，国家连续多年调整粮食征购基数，较大幅度地减少征收和统购数量，扩大超购数量。主产区农民向国家交售的超购加价粮和议购粮也大幅增加，农民的收入有了较大幅度的提高。

表 1 – 7   1978 ~ 1984 年粮食生产与农民收入变化

年份	主产区粮食产量		非主产区农民人均收入		主产区农民人均收入	
	总量 （万吨）	增长率 （%）	金额 （元/人）	增长率 （%）	金额 （元/人）	增长率 （%）
1978	21123.5	—	120.82	—	127.6	—
1979	23144.5	9.5	127.42	5.4	158.57	24.2
1980	22205.0	– 4	187.46	4.7	199.08	25.5
1981	22955.0	3.3	220.85	17.8	242.15	21.6
1982	24586.0	7.1	240.42	8.8	279.78	15.5
1983	27750.0	12.8	286.89	19.3	338.08	20.8
1984	29366.5	5.8	339.68	18.4	379.82	12.3
1978 ~ 1984 年均增长率%	10.93%	—	18.80%	—	19.93%	—

资料来源：布瑞克农业数据库。

上述举措，促进了粮食主产区粮食生产的迅速发展，同时农民得到了更多的收入，一改我国长期以来粮食供应紧张的局面。这一阶段无论是农村的经济结构还是农民的收入结构都比较单一，形成了农户家庭经营性收入依靠粮食生产的格局。从表 1 – 7 可以看出，1984 年粮食主产区粮食总产量 29366.5 万吨，比 1978 年增加 8243 万吨，年均增长率为 10.93%。与粮食增收相对应的是，这一时期农民收入大幅增长。主产区农民人均收入由 1978 年 127.6 元增加到 1984 年的 379.82 元，年均实际收入增长率达到 18.8%，是中华人民共和国成立以来粮食主产区农民收入增长最快的时期。1984 年粮食主产区农民人均收入达到 379.82 元，比非主产区高 40.14 元。1978～1984 年，粮食主产区年均增长率比非主产区高 1.13%。从表 1-7 可以看出，粮食主产区农民人均收入增长率在此阶段大部分年份都高于非主产区农民人均收入增长率。

1.3.2　粮食生产波动与农民收入转入负增长（1985～1989 年）

自 1985 年开始，中国经济改革和发展的重心由农村转向城市。城市和工业成为国家经济改革的重心，企业拥有自主定价的权利，工业品和农用生产资料的价格随之大幅度上涨，使农业投入的成本加大；1984 年以后乡镇企业大量兴办，也分散了农民对农业生产方面的资金投入。粮食产量呈现波动性的上涨，农民收入由较高幅度的增长跌落至负增长。从表 1-8 可知，1985 年粮食主产区农民人均收入为 394.88 元，同比增长 3.9%。1986 年粮食主产区农民人均收入为 431.89 元，同比增长 9.3%。1988 年主产区农民人均收入为 549.56 元，而这一年实际增长率只有 4.8%，这种收入增长是一种虚假的增长。

表 1-8　1985～1989 年粮食生产与农民收入变化

年份	主产区粮食产量		非主产区农民人均收入		主产区农民人均收入	
	总量（万吨）	增长率（%）	金额（元/人）	增长率（%）	金额（元/人）	增长率（%）
1985	27439.3	-6.6	402.29	18.4	394.88	3.9
1986	28711	4.7	434.89	8.1	431.89	9.3
1987	29494.17	3.4	484.47	11.4	470.14	8.8
1988	28704.6	-3.2	578.58	19.4	549.56	16.8

续表

年份	主产区粮食产量		非主产区农民人均收入		主产区农民人均收入	
	总量（万吨）	增长率（%）	金额（元/人）	增长率（%）	金额（元/人）	增长率（%）
1989	29192.6	1.5	644.16	11.3	586.78	6.7
1985~1989 年均增长率%	1.6	—	7.3	—	5.2	—

资料来源：布瑞克农业数据库。

国家在这一阶段调整了农业收购政策，以合同收购制度取代农产品统购制度，并且降低了主要农产品的收购价格的提价幅度。1985~1989 年粮食收购价格的提价幅度比 1978~1984 年降低了 22.4 个百分点。虽然并未改变农民主要依靠农业获益的收入格局，但是种植业的收入比重从 1984 年的 72.9% 下降到了 1989 年的 55.2%，减少了 17.7 个百分点。

这一阶段粮食增长呈现起伏，虽然农民收入持续上涨，但增长速度明显放缓，增幅显著低于前一阶段。主产区粮食总产量由 1985 年的 27439.3 万吨上升到 1989 年的 29192.6 万吨，年均增长率只有 1.6%。由于主要农产品收购价格的上涨幅度变小。导致这一阶段粮食主产区农民人均收入相较于粮食非主产区增长速度偏低。一般年份都比非主产区低 3 个百分点以上，只有 1986 年，粮食主产区农民收入增长速度与非主产区的差距较小，为 1.2 个百分点；1985 年差距最大，增长率低了 14.5 个百分点，农民人均收入低 7.41 元。同期，粮食主产区农民收入年均增长率也比非主产区低 2.1 个百分点。原来单一的收入结构被打破，一定程度削弱了粮食生产与农民收入的对应关系，尤其是在乡镇企业较为发达的地区，粮食生产和收入增长的对应关系弱化得更为明显。

1.3.3　粮食产量低速增长与农民收入徘徊增长（1990~1995 年）

1990 年开始，我国粮食生产发展开始转慢，从 1990 年的 32501.6 万吨到 1995 年的 34470.1 万吨，五年共增产 1968.5 万吨，五年的粮食产量年均增长率仅为 1.18%。尽管这一阶段粮食产量增长速度缓慢，农民收入却在徘徊增长，非主产区农民收入由 1990 年的 751.55 元增加到 1995 年的 1318.34 元，年均增长率为 17.32%。粮食主产区的农民收入由 1990 年的 684.34 元增长到 1995 年的 1565.25 元，年均增长率为 17.99%，如表 1-9 所示。

表 1-9 1990~1995 年粮食生产与农民收入变化

年份	主产区粮食产量		非主产区农民人均收入		主产区农民人均收入	
	总量（万吨）	增长率（%）	金额（元/人）	增长率（%）	金额（元/人）	增长率（%）
1990	32501.6	11.6	751.55	16.6	684.34	16.6
1991	31402.8	-3.5	795.99	5.9	679.53	-0.7
1992	32231.5	2.8	883.09	10.9	765.54	11.2
1993	33405.2	3.9	1041.70	17.9	885.06	15.6
1994	32825.2	-1.7	1318.34	26.5	1207.10	36.3
1995	34470.1	4.9	1670.55	26.7	1565.25	29.6
1989~1995 年均增长率%	1.18	—	17.32	—	17.99	—

资料来源：布瑞克农业数据库。

这一时期国民经济增长迅速，1992 年，党的十四大提出了建设社会主义市场经济体制的宏伟目标，进一步放开价格管控，由政府制定价格转为以市场化为导向决定价格。1994 年政府大幅提高包括粮食在内的农产品收购价格，拉动粮食价格大幅上涨，极大地提高了农民种植粮食的积极性。农民发展粮食生产并使粮食进入商品领域流通的热情高涨，提高了农业收入在生产性收入中的比重。由于大幅度提高粮食收购价引发通货膨胀率上涨，1995 年国家将粮食收购价的增幅降低到 29%，比上年同期增幅低 17.6 个百分点，通过国家的宏观调控政策，通货膨胀率由 1995 年的 21.7% 降低到 14.8%。由于政府加大了小康建设的考核力度、采取农产品收购保护价格、发展多样化的农业生产经营方式、减轻农民负担、加快推进非农产业的发展等措施，使粮食主产区农民收入取得了恢复性增长。

这一阶段的数据表明，粮食价格和粮食产量并不是决定农民收入的唯一要素，且粮食产量与价格的影响力在不断衰减，原因在于农民提高自身收入的意愿强烈，不再单纯依靠种植业收入，积极开展多种经营来拓宽收入渠道，农民收入增长主要与收入多样化有关。

1.3.4 粮食波动增长与农民收入增长幅度持续下降（1996～2000年）

1996～2000年，粮食生产出现了五年三减产，加上粮价较低，农民收入中种植业收入也随之连续四年下降。粮食主产区产量由1996年的37129.02万吨下降至2000年的32607.43万吨，下降了4521.59万吨，年均增长率为－2.56%。从表1－10可以看出，1996年农民收入虽然有增长，但增长幅度却是连续下降的，粮食非主产区农民收入1996年为1974.42元，2000年为2483.10元，五年仅上涨了508.68元。主产区农民人均收入由1996年的1953.55元上涨到了2000年的2286.36元，年均增长率仅为3.20%。收入增长幅度平均每年下降6个百分点，到2000年收入比上一年仅增长了0.4个百分点。

表1－10 1996～2000年粮食生产与农民收入变化

年份	主产区粮食产量		非主产区农民人均收入		主产区农民人均收入	
	总量（万吨）	增长率（%）	金额（元/人）	增长率（%）	金额（元/人）	增长率（%）
1996	37129.02	7.9	1974.42	18.1	1953.55	24.8
1997	35172.69	－2.3	2219.89	12.4	2145.68	9.8
1998	36315.66	3.2	2339.47	5.3	2248.78	4.8
1999	36517.58	0.6	2387.67	2.0	2275.62	1.1
2000	32607.43	－10.7	2483.10	3.9	2286.36	0.4
1996～2000年均增长率%	－2.56	—	4.69	—	3.20	—

资料来源：布瑞克农业数据库。

农民收入增长幅度下降的主要原因是种植业收入的减少，一方面粮食不断减产，1997 年粮食产量增长率下降了 2.3 个百分点，2000 年粮食产量增长率为 −10.7%。另一方面粮价下跌，造成了农民损失收入一半以上。尤其在粮食主产区，粮食减产和价格下跌造成的深远影响远大于粮食非主产区。2000 年粮食主产区各省农民的平均收入为 2286.36 元，比非主产区低了 196.74 元。东北三省和河南省作为产粮大省受影响尤为明显。

1.3.5 粮食生产恢复增长与农民收入再创新高（2001～2016 年）

2001 年，主产区农民收入增长速度有所回升，达到 4.8%，比上年增加 4.4 个百分点。这一时期主产区粮食生产出现"三增二减"局面。2003 年，粮食主产区粮食产量为 30578.54 万吨，比 1997 年减少了 4594.15 万吨，年均增长率为 1.3%。2001 年主产区粮食产量增长率为 −0.7%，绝对量减少为 228.91 万吨。这一时期，主产区粮食生产与收入呈弱相关关系。两者不同步的缓慢增长，两者的结合度弱化，2001 年主产区粮食产量比上年减少 0.7%，但是这一年主产区农民收入实际增长率达到 4.8%，2003 年粮食主产量比上年增长 1.3%，但是农民人均收入实际增长率只有 5.7%，比上年仅增长了 0.7 个百分点，出现"减产增收，增产减收"现象，如表 1−11 所示。就名义增长率来看，这一时期，除了 1997 年、2001 年粮食主产区的名义增长率高于非主产区，其余几年粮食主产区都低于非主产区。

2004 年国家在吉林和黑龙江两个粮食主产省份进行了免征农业税的改革试点，2005 年全国在除云南、山东及河北省其余 28 个省份免征农业税，2006 年正式在全国范围内取消农业税。此项政策对粮食产量的增加起到了显著促进作用。2004 年在全国全面实施粮食直接补贴政策，随后又采取针对粮食生产的软肋实施加快农业产业化、农业机械化及其自动化政策，加大农田水利和农村基础设施建设投入力度等。这些政策的出台有效地增加了粮食的产量以及农民的收入，对产粮大县的促进作用表现得尤为突出。

表 1 – 11　2001～2016 年粮食生产与农民收入变化

年份	主产区粮食产量		非主产区农民人均收入		主产区农民人均收入	
	总量（万吨）	增长率（%）	金额（元/人）	增长率（%）	金额（元/人）	增长率（%）
2001	32378.52	– 0.7	2617.49	5.4	2398.06	4.8
2002	32913.16	1.7	2787.33	6.4	2518.89	5
2003	30578.54	1.3	2968.9	6.5	2664.21	5.7
2004	34114.91	12.46	3253.71	9.5	3033.59	13.8
2005	35443.09	4.82	3630.28	11.5	3347.15	10.3
2006	37618.27	4.16	3994.02	10.0	3700.79	10.5
2007	37640.22	1.58	4553.25	14.0	4291.60	15.9
2008	39917.51	4.65	5186.20	13.9	4958.33	15.5
2009	40004.41	– 0.52	5637.91	8.7	5341.01	7.7
2010	41444.64	3.71	6446.61	14.3	6160.83	15.3
2011	43572.74	5.43	7570.01	17.4	7355.92	19.3
2012	44669.68	2.74	8567.63	13.1	8364.04	13.7
2013	45763.4	2.59	9641.10	12.3	9398.65	12.3
2014	45961.39	0.56	11019.39	14.2	10744.93	14.3
2015	47190.1	2.87	12043.97	9.2	11645.25	8.3
2016	46515.88	– 1.43	14288.32	18.6	12564.38	7.8
2001～2016年均增长率%	2.44	—	11.98	—	11.67	—

资料来源：布瑞克农业数据库。

经过 12 年的不懈努力，新粮食生产政策充分调动了广大种粮农户的积极性，截至 2015 年，我国粮食生产已经实现十二连增，大大降低了我国粮食供应压力。2004 年，粮食主产区农民收入增长速度达到了两位数的增长状态，在 1998 年以后尚属首次。2004 年主产区农民人均收入为 3033.59 元，2015 年增加到 11645.25 元，是 2004 年的近 4 倍，收入绝对值增长量达到 8611.66 元，2004 年较 1998 年的年均增长率达 4.82%。2004～2005 年，主产区农民人均收入增长率相较以往有所下降，降幅达 3.5%。2006～2008 年，主产区农民收入同比增长幅度较高，达到两位数，尤其是 2007 年，是新政实施前五年增速最快的年份。2009 年是一系列新政实施后增长速率最低的年份，为 7.7%，尽管如此，其增长速率也高于 1998～2003 年这段时间的主产区农民人均收入的增长速度。2011 年，主产区农民人均收入的增长速度达到 19.3%，创下新高，当年农民人均收入达到 7355.92 元。但 2012 年又有所下降，增长速度降到了 13.7%。但从名义增长率来看，粮食主产区名义增长率大部分年份都低于非主产区；尽管主产区农民人均收入的年均增长率较高，但主产区的农民绝对收入依然低于非主产区。这一时期，主产区粮食生产仅 2009 年产量下降，其余年份主产区粮食的产量一直保持着持续增长的态势。2004～2015 年，粮食增产突破 1 亿多吨，同比增长了 37.66%，年均增长 2.7%。

2016 年农业部提出不再追求十三连增，2015 年我国进口了 1.2 亿吨粮食，接近生产总量的 1/5。其中一部分是因为我国缺乏一部分的粮食品种，比如大豆为 8000 多万吨。中央明确提出要巩固和提升粮食产能，进行规模经营，降低粮食的生产成本，推广新的农业技术。具体战略为"藏粮于地，藏粮于技"和"抓好主产区，发展适度规模经营"。

通过不同阶段粮食生产发展与农民收入变化的关系演变不难看出，在不同的粮食供求状态下，两者之间会出现不同的影响力。在经济处于短缺状态下，发展粮食生产与实现农民增收的目标很容易同时达成一致。改革开放初期农民人均收入与粮食生产呈现出了"农民发展粮食生产获得更高经济收入，进而扩大粮食生产再次提高收入"的良性循环。尤其在粮食主产区，粮食稳步增长且出现了持续快速增长的良好势头，带动了农民收入形成了同步增长关系。而在市场经济条件下，当粮食供过于求时，粮食增产与农民增收的目标协调难度加大。农民想增收不能仅依靠于种植业生产，当外出务工收入高于粮食种植收入时，农民将会降低粮食生产的投入，增加外出打工的时间和次数。如何在保证粮食安全的同时提高农民收入，还面临许多难题需要解决。继续加大对粮食的补贴力度，按照不同规模分层次对农民进行扶持，对于稳定粮食生产具有重要的战略意义。

1.4 粮食产量与农民收入的协整关系检验

首先，对 1978 ~ 2018 年粮食主产区粮食产量（GRP_t）、农民人均纯收入（SR_t）变量进行 ADF 检验。通过运用两步检验粮食产量与农民人均纯收入变量之间的协整关系，验证其之间是否存在长期均衡关系，以观察粮食产量增长对农民收入增长的影响程度。

利用 Eviews10.0 软件，根据 AIC 准则确定最佳滞后阶数，对时间序列 GRP_t、SR_t 的水平值、一阶差分、二阶差分的单位根进行 ADF 检验，结果如表 1 – 12 所示。检验结果表明，$\Delta^2 GRP_t$、$\Delta^2 SR_t$ 的 ADF 检验统计量均小于 10%、5%、1% 显著性水平下的 Mackinnon 值，因此可以认为 GRP_t、SR_t 时间序列经过二次差分后都不存在单位根，是平稳序列。

表 1 – 12　粮食产量与农民收入变量的 ADF 检验结果

变量	ADF 检验值	临界值（1%）	临界值（5%）	临界值（10%）	检验结果
GRP_t	2.244928	– 3.605593	– 2.936942	– 2.606857	非平稳
SR_t	2.268620	– 3.610453	– 2.938987	– 2.607932	非平稳
$\Delta^1 GRP_t$	– 3.452671	– 3.610453	– 2.938987	– 2.607932	平稳
$\Delta^1 SR_t$	0.88242	– 3.639407	– 2.951125	– 2.614300	非平稳
$\Delta^2 GRP_t$	– 9.315402	– 3.615588	– 2.941145	– 2.609066	平稳
$\Delta^2 SR_t$	– 3.837066	– 3.639407	– 2.951125	– 2.614300	平稳

注：表中 Δ^1 表示一阶差分，Δ^2 表示二阶差分。

以粮食主产区农民人均纯收入（SR）为被解释变量，粮食产量（GRP）为解释变量，建立协整回归模型：$SR_t = \alpha + \beta GRP_t + \mu$。

利用 OLS 估计协整回归方程，结果如下：

$$SR_t = -13227.87 + 0.481784GRP_t + \mu_t$$

$$t = (-13.03282)(17.00862)$$

$$R^2 = 0.881204, \quad DW = 0.111651, \quad F = 289.2933$$

得到残差序列 μ_t，检验其平稳性，发现 μ_t 单位根 ADF 统计值为 -3.937443，小于1%显著性水平下的 Mackinnon 值，所以认为 μ_t 为平稳序列，表明 GRP_t、SR_t 之间存在协整关系。

通过上述统计数据检验发现粮食主产区粮食产量与农民人均纯收入存在协整关系，这说明粮食产量与农民人均纯收入之间存在稳定的增长关系。

第2章 吉林省农民收入变动分析

吉林省在我国农业中占有重要地位，农业在吉林省经济结构中占有重要地位，吉林省要实现经济发展就必须提高农民收入。1978 年吉林省农民人均收入为 181.65 元，比全国平均水平高 48.08 元，到 2018 年，吉林省农民人均收入达到 13748 元，比全国平均水平低 869 元。伴随社会经济的发展，农村经济发展局面日趋严峻，因此本章分别从纵向和横向变化两方面分析了农民收入增长的变动轨迹，呈现出不同的特点。

2.1 吉林省农民收入总体状况

我国农业经营方式的探索开始于 20 世纪的 50 年代中期，真正意义上的农村经营制度变革则发生在 20 多年之后的 20 世纪 70 年代末。1978 年我国开始进行农村改革，各种形式的生产责任制因为政策方面的激励在全国范围内迅速推开，极大地调动了广大农民的生产积极性。吉林省作为粮食主产区同样受到了极大的影响。1978 ~ 2018 年吉林省农民人均纯收入从 181.65 元增长到 13748 元，40 年来增长了 75.68 倍，总体呈上升趋势（见图 2 - 1）。从时序来看，纵观 1978 ~ 2018 年农民收入的变化，吉林省农民收入在不同时期呈现出不同的特征，大致可以分为以下几个阶段：

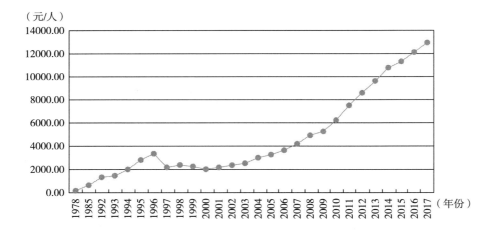

图 2 - 1 1978 ~ 2017 年吉林省农民人均收入变动情况

资料来源：《吉林统计年鉴》（1980 ~ 2018 年）。

（1）1978 ~ 1991 年农民收入缓慢上升阶段。

改革开放初期，我国实体经济处于起步阶段，吉林省的产业结构仍偏重于一二产业，尤其是第一产业。1978 ~ 1991 年吉林省农民人均纯收入由 181.65 元增加到 1256.90 元，年均增加 82.71 元。吉林省农民多数以种植业为主，农民收入直接由粮食播种面积、粮食产量和粮食价格决定，整个 20 世纪 80 年代后半期，吉林省粮食播种面积不稳定，粮食产量也随之波动。吉林省粮食播种面积由 1978 年的 3603.10 千公顷减少到 1981 年的 3509.30 千公顷，之后开始小幅度上升到 1983 年的 3586.50 千公顷，随后急剧下降到 1985 年的 3283.50 千公顷，之后几年持续小幅度波动，1989 年到 1990 年又一个大幅度提升，增加了 95 千公顷，1991 年达到 3542 千公顷。这一阶段粮食产量随着粮食播种面积波动变化，1978 ~ 1980 年，粮食产量由 914.7 万吨减少到 859.60 万吨，随后 4 年大幅度上升，年均增加 193.72 万吨，但 1985 年急剧下降到 1225.26 万吨。1985 年吉林省开始实行家庭联产承包责任制，大大提高了农民的种粮积极性，因此 1988 年粮食产量大幅度上升，达到 1693.25 万吨。尽管这一阶段农民收入随着粮食产量波动缓慢增加，但是到了 80 年代末期，随着城市化、工业化加速推进对农业农村的冲击进一步加剧，农业税负逐步加重，农产品价格被强行压低，农民种粮积极性受挫，农民收入增长开始进入停滞期。

（2）1992 ~ 2000 年农民收入处于波动增长阶段。

1992 年我国建立市场经济体制，国民经济发展速度达到了改革开放以来的新高。与此同时，各省农民收入的增速也得到了有力回升，20 世纪 90 年代前期，吉林省农民人均收入连续 4 年呈快速上升态势，后期开始下降。1992 ~ 2000 年，吉林省农民人均收入由 807.41 元增长到 2022.50 元，年均增加 135.01 元，从整个阶段来看，1992 ~ 2000 年农民收入名义年均增长率为 13.5%，以 1992 年为基期，扣除物价上涨因素，实际年均增长率仅为 6.6%。这一阶段农民收入增长率并不稳定，甚至在 2000 年出现了严重的负增长。其中，粮食播种总面积和产量的大幅度变化仍然是主要原因。1992 年粮食播种面积为 3537 千公顷，到 2000 年粮食播种面积下降到 3357.09 千公顷，粮食产量也从 1992 年的 1840 万吨下降到 2000 年的 1638 万吨，八年间播种面积下降了 179.91 千公顷，产量下降了 202 万吨。加之农产品生产成本上升，农业内部的比较效益低，国家投资农业的相对份额下降，更加专注工业的发展，农民还需要交纳相应的税费，负担较重，最终导致农民收入实际增长率波动幅度较大。在这种大背景下，这样的状况导致农民的种粮积极性无法提高，农民收入也一直处于较低状态。

（3）2001 ~ 2017 年农民收入处于稳步增长阶段。

2001 年开始，吉林省以"调结构、增收入、减负担、保稳定"为中心任务，农村经济结构的调整迈出新步伐，农业产业化经营向较高层次迈进，农业市场化组织程度明显提高，"订单农业"快速发展，农业基础设施建设呈多元化发展趋势，这些均促进了农民收入的稳步增长。2004 ~ 2017 年中央连续 13 年聚焦"三农"，加强粮食主产区的生产能力，全面取消农业税，选择包括东北在内的四大区域，启动粮食生产模式攻关，发展科学施肥节水农业，不断提高农业机械化水平，更多地关注农业。2001～2017 年吉林省农民人均收入由 2182.22 元增加到 12950.44 元，17 年间增加了 10768.00 元，年均增加 633.41 元，从整个阶段来看，这期间农民收入名义年均增长率为 11.04%，以 2002 年为基期，扣除物价上涨因素，实际年均增长率为 11.13%。这一阶段粮食播种面积较为稳定，在 2005 年之前呈小幅度波动，从 2006 年开始一直到 2018 年呈现平稳连续上升趋势，由 4325.50 千公顷增加到 5600.00 千公顷。粮食产量整体呈上升趋势，在 2001～2006 年连续增加，由 1953.40 万吨增加到 2720.00 万吨，年均增加 127.77 万吨。2006～2009 年出现了两次波动，这是因为受国际粮食价格波动的影响，国内粮食价格不稳定，农民种粮积极性受到一定影响进而影响到粮食产量。2009 年至今，粮食产量呈连续上升态势，在 2018 年达到 3633 万吨。这一阶段农民种粮的积极性得到了极大的提高，粮食播种面积、粮食产量、农民收入均处于上升趋势。

40 年来吉林省农民人均收入整体呈上升趋势，但是就吉林省农民人均收入与城镇居民人均可支配收入相比较可以看出，城乡间居民收入差距呈现逐步扩大趋势（见图 2－2）。1978～2017 年城镇居民人均可支配收入由 290.20 元

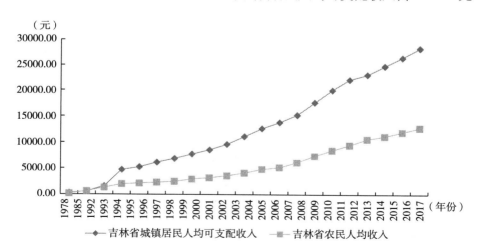

图 2－2　1978～2017 年吉林省城镇居民人均可支配收入和农民人均收入变动情况

资料来源：《吉林统计年鉴》（1980～2018 年）。

增加到 30172 元，年均增加 750.96 元；农民人均收入由 181.65 元增加到 13748 元，年均增加 339.16 元。可以看出，整体上城镇居民可支配收入总体远高于农民人均收入，城乡居民收入差距依然不断扩大。因此调整城乡收入分配，增加农民收入，优化农民收入结构，缩小城乡收入差距就显得尤为重要。

2.2　吉林省农民收入结构变动分析

改革开放以来，随着农村经济的快速发展，吉林省农民收入也有了很大的提高，农民人均收入由 1978 年的 181.70 元增加到 2018 年的 13740 元，年均增幅为 11%。但是与经济发达省份相比，吉林省农民收入增长速度并不算快。改革开放初期，全国农民的收入结构主要是以家庭经营第一产业为主，吉林省占有人均耕地资源丰富的优势，农民收入位于全国前列。1985 年后，由于东南部沿海地区企业发展迅速崛起，吸引大批农村劳动力流入，农民收入中的工资性收入和家庭产业中非农业产业收入所占比重大幅度上升，致使吉林省农民收入在全国排名中连续下降。1992 年国家进行市场化经济体制改革后，吉林省农民仍然是以家庭经营性收入为主，工资性收入也逐年增加，并成为农民增收的重要渠道。21 世纪以来，工资性收入成为农民长期增加收入的重要方式。同时，国家也增加了对农业的财政资金投入，为农民增加收入提供有力保障。但是财政性收入变动拉动农民收入增长的力度较小，因此还不能构成重要的农民收入来源。具体来讲，1978～2017 年吉林省农民收入结构变动呈现出以下特点：

（1）家庭经营性收入比重不断下降，但仍是农民收入的主要来源。

吉林省农民家庭经营性收入在 1978 年仅为 58.82 元，2017 年达到 7399.82 元，共增长了 7341 元，年均增长 188.23 元，增长了 125.8 倍；家庭经营性收入占人均可支配收入比重由 1984 年的 90.66% 下降到 2017 年的 57.14%，共减少了 33.52%，年均减少 8.6%。

纵观这 40 年的农民家庭性收入变化，总体呈现上升趋势，但其中一共出现了 5 次下降趋势，其中有两次为连续下降，一共可以分为 6 个小阶段。第一阶段为 1978～1986 年缓慢上升阶段，吉林省为农业大省，第一产业基础好，因此在改革开放初期受到冲击较小，家庭经营性收入由 1978 年的 58.82 元增加到 1985 年的 596.28 元，7 年增加了 537.46 元，年均增加 76.78 元，随后出现小幅度下降，减少到 1986 年的 409.64 元。第二阶段为 1987～1991 年匀速上升阶段，从 1987 年到 1990 年家庭经营性收入由 770.70 元上升到 1246.11 元，4 年增加了 475.41 元，年均增加 118.85 元。这其中一个重要的原因是 1985 年吉林省开始实行家庭联产承包责任制，极大地调动了广大农民的种粮积极性，使这一阶段农民的家庭经营性收入快速增加。由于 1991 年国家出现了通货膨胀，农民整体收入出现下降，家庭经营性收入降低了 58.65 元。第三阶段为 1992～1996 年快速上升阶段，为了消除通货膨胀带来的影响，国家在 1992 年和 1993 年大幅度提升粮食的收购价格，1994 年提高了农副产品收购价格来增加农民收入。这 4 年间，吉林省农民家庭经营性收入一共增加了 1671.75 元，平均每年增加 417.94 元。第四阶段为 1997～2000 年波动下降阶段，在这一阶段中，农民家庭经营性收入首次出现了连续下降。整体先由 1997 年的 1850.33 元增加到 1998 年的 2050.71 元，然后连续两年呈下降趋势，减少到 1611.65 元，年均减少 219.53 元。出现如此大降幅的原因有两个：一是 20 世纪 90 年代末期农业税负较重，工业剪刀差依然存在；二是国际粮食价格波动较大。以上原因致使农民种粮积极性下降，农户粮食播种面积减少，产量和收入也随之下降。第五阶段为 2001～2015 年高速持续增长阶段，受上一阶段的影响，国家开始出台一系列惠农政策，并加大农业财政资金投入。2004 年吉林省开始取消农业税；同年国家提出水稻小麦保护价收购政策；2008 年玉米临时收储制度实施。这些政策极大地提高了农民的种粮积极性，吉林省在这一阶段粮食播种面积和粮食产量都呈连续上升态势，家庭经营性收入更是高速增加。2001～2015 年，家庭经营性收入由 1731.76 元增加到 7878.07 元，14 年增加了 6146.32 元，年均增加 439.02 元，达到了 40 年来的最高水平。2016～2018 年为迅速下降阶段，在上一阶段我国粮食产量连增使国家粮食库存过高以及 2008 年的玉米临储价格持续走高使粮食结构失调，国家为了"降库存，调结构"，分别在 2015 年和 2016 年调低玉米临时收储价格、开始实施玉米"价补分离"政策。这两个政策直接影响到玉米种植户的种粮积极性，而吉林省农民多为玉米种植户。因此，吉林省农民家庭经营性收入在政策实施后的两年连续减少，由 2015 年的 7878.07 元降低到 2017 年的 7399.82 元，年均减少239.13 元。总体来看，虽然吉林省农民家庭经营性收入占农民人均收入比重呈下降趋势，但是家庭经营性收入依然是农民人均收入的主要构成部分，说明第一产业仍旧是农户的主要收入来源（见表 2 - 1）。与其他粮食主产区相比较而言，1984 年，江苏省全面实行家庭联产承包责任制后，家庭经营性收入成为农民收入的主体，占农民人均收入的比重由 1983 年的 21.8% 快速上升到68.4%。但是 1984 年大丰收后出现的农产品难卖现象，催生了农村产业结构的调整，家庭经营性收入中二三产业的收入增加。随后几年，工资性收入和财产性收入占比开始上升，家庭经营性收入缓慢下降。到了 21 世纪，尤其是2000～2007 年，江苏省农民人均收入中家庭经营性收入占比急剧下降，由49.26% 减少到 38.90%，年均减少 1.48%。主要原因在于两个方面，一方面是大量农民外出务工使工资性收入快速增加，另一方面是大量资本进入农村经营领域，增加了农民的土地流转意愿。截止到 2017 年底，根据《中国统计年鉴》相关数据显示，江苏省农民人均收入为 19158 元，其中家庭经营性收入占农民人均收入的 29.34%。吉林省与江苏省相比，农民人均收入低，家庭经营性收入占比却是江苏省的 1.95 倍。由此可见，区域资源禀赋条件对地区农民收入有很大影响。

表2-1　1985～2018年吉林省农民家庭经营性收入

年份	农民收入（元）	家庭经营性收入		年份	农民收入（元）	家庭经营性收入	
		绝对额（元）	比重（%）			绝对额（元）	比重（%）
1985	646.48	596.28	92.23	2002	2360.81	1876.65	79.49
1986	456.70	409.64	89.70	2003	2530.41	1991.17	78.69
1987	823.32	770.90	93.63	2004	3000.40	2292.76	76.42
1988	961.80	892.93	92.84	2005	3263.99	2395.50	73.39
1989	1029.88	962.49	93.46	2006	3641.13	2556.70	70.22
1990	1312.79	1246.11	94.92	2007	4191.30	2829.72	67.51
1991	1256.90	1187.46	94.48	2008	4932.74	3344.70	67.81
1992	1333.27	1204.33	90.33	2009	5265.91	3436.75	65.26
1993	1462.88	1339.92	91.59	2010	6237.44	4085.92	65.51
1994	2008.67	1814.23	90.32	2011	7509.95	4950.40	65.92
1995	2819.54	2481.45	88.01	2012	8598.17	5617.63	65.34
1996	3349.64	2876.08	85.86	2013	9621.21	6855.13	71.25
1997	2186.29	1850.33	84.63	2014	10780.12	7445.63	69.07
1998	2383.60	2050.71	86.03	2015	11326.17	7878.07	69.56
1999	2260.59	1937.57	85.71	2016	12122.94	7558.94	62.35
2000	2022.50	1611.65	79.69	2017	12950.44	7399.82	57.14
2001	2182.22	1731.76	79.36	2018	13748.17	7756.24	56.42

资料来源：《吉林统计年鉴》（1986～2019年）。

（2）工资性收入占比不断上升，已成为农民收入的重要来源。

吉林省农民工资性收入在1985年仅为5.46元，到2017年达到3018.33元，32年共增长了3012.87元，年均增加94.15元，增加了551.81倍；占农民人均收入比重由0.84%增加到23.31%，年均增加7%。总体上来看工资性收入的具体数值和所占比重均呈上升趋势，1991年之前，总数值和占比增长较小；1991～1992年两者都大幅度增加，并在之后呈现连续多年增加态势，基于此把吉林省农民工资性收入分为两个小阶段。第一阶段为 1978~1991 年，农民工资性收入变化极小，由 1985 年的 5.46 元增加到 1991 年的 5.93 元，六年间的最高水平也仅为 1986 年的 19.32 元。究其原因主要有两个方面：一方面吉林省作为农业大省，农业基础好，资源禀赋条件充沛，并未受到改革开放下实体经济的冲击；另一方面吉林 1985 年开始实行家庭联产承包责任制，极大地提高了农民的种粮积极性。基于以上两个原因，在这一阶段吉林省农民工资性收入并未出现实质增长，但是从此时开始，吉林省农村劳动力进一步得到释放，开始出现大量剩余。第二阶段为 1992~2017 年，农民工资性收入呈现快速持续增加趋势，1992 年更是比 1991 年有一个实质性提升，增加了 99.27 元。具体来说，吉林省农民工资性收入由 1992 年的 105.20 元增加到 2017 年的 3018.33 元，15 年增长了 28.69 倍。这与城镇企业、私有企业的快速发展和更多的农民工外出务工紧密相关。1992 年我国实行市场经济改革，随之东部沿海地区经济得到了进一步发展，劳动力密集型企业持续增加，吉林省城市建设也需要一定的劳动力，农村劳动力开始大量流入城市。进入 21 世纪以来，工资性收入从绝对量来看一直呈现增长的态势，但是从工资性收入占农民人均收入的比重来看，总体呈现波动的情况。出现这种情况一方面是吉林省粮食产量连年增长，并且国家实施粮食保护价收购等惠农政策，家庭转移性收入比重并没有快速下降；另一方面是，随着国家对于农民财政支农惠农政策力度的加大，农民转移性收入所占比重逐年上升。总的来说，工资性收入已经是吉林省农民人均收入的第二大组成部分，在农民增收中的地位越来越突出，已经成为兼业农户增收的长期途径（见表 2-2）。在江苏省，工资性收入是其农民人均收入的第一大组成部分，占比达到 49.66%，远高于其他三部分收入。主要原因在于，江苏省城镇化水平和经济发展水平都远高于吉林省，城市对劳动力的吸引力和吸纳能力也同样远高于吉林省，而农民人均耕地占有量低于吉林省。所以，江苏省的农民更趋向于外出务工获取更高的工资性收入。

表 2 - 2　1985～2018 年吉林省农民工资性收入

年份	农民收入（元）	工资性收入		年份	农民收入（元）	工资性收入	
		绝对额（元）	比重（%）			绝对额（元）	比重（%）
1985	646.48	5.46	0.84	2002	2360.81	388.99	16.48
1986	456.70	19.32	4.23	2003	2530.41	425.51	16.82
1987	823.32	6.64	0.81	2004	3000.40	457.80	15.26
1988	961.80	13.39	1.39	2005	3263.99	510.96	15.65
1989	1029.88	10.33	1.00	2006	3641.13	605.10	16.62
1990	1312.79	6.06	0.46	2007	4191.30	711.00	16.96
1991	1256.90	5.93	0.47	2008	4932.74	810.17	16.42
1992	1333.27	105.20	7.89	2009	5265.91	869.02	16.50
1993	1462.88	97.06	6.63	2010	6237.44	1072.14	17.19
1994	2008.67	110.82	5.52	2011	7509.95	1469.19	19.56
1995	2819.54	165.59	5.87	2012	8598.17	1792.02	20.84
1996	3349.64	279.02	8.33	2013	9621.21	1813.23	18.85
1997	2186.29	267.95	12.26	2014	10780.12	1937.65	17.97
1998	2383.60	279.95	11.74	2015	11326.17	2097.36	18.52
1999	2260.59	283.02	12.52	2016	12122.94	2363.14	19.49
2000	2022.50	343.86	17.00	2017	12950.44	3018.33	23.31
2001	2182.22	328.53	15.05	2018	13748.17	3521.49	25.61

资料来源:《吉林统计年鉴》(1986～2019 年)。

（3）财产性收入占比稳定上涨，但未能构成农民收入的重要来源。

吉林省农民财产性收入在 1992 年仅为 1.77 元，到 2017 年增长到 289.07 元，共增长了 287.3 元，年均仅增加 11.49 元，增长了 163.32 倍。1992～ 2017 年总体呈波动上升趋势，其中，2002～2012 年上涨趋势较显著。具体分为三个阶段进行分析：第一阶段为 1992～2004 年波动增长阶段，这一阶段吉林省农民财产性收入变动幅度较大，其中 1995 年和 1996 年分别达到 145.36 元和 152.84 元，呈现跳跃式增长，其余年份均在 100 元以下波动，这一阶段年均增长为 6.12 元。第二阶段为 2005～2012 年稳步增长阶段，这一阶段吉林省农民财产性收入由 148.35 元增加到 392.96 元，年均增长 30.58 元，除 2008 年出现下降以外，其他年份均保持平稳上升态势。此阶段吉林省农民财产性收入占农民人均收入的比重总体在 5. 20% 上下波动，2007 年比重最高，达到 6. 76% 。第三阶段为 2013~2017 年回落波动阶段，吉林省农民财产性收入先由 2012 年的 392. 96 元骤降到 2015 年的 198. 63 元，然后又开始回升到 2017 年的 289. 07 元，同时农民财产性收入占农民人均收入的比重先由 4. 57% 下降到 1. 75% ，随后又增加到 2. 23% 。农民财产性收入主要来源为财产租赁和对外投资。由于农民受教育程度低，普遍缺乏相关理财知识，一旦有了结余现金，普遍会存入银行。相比之下，农民财产性收入更主要的来源是财产租赁，即相关土地租赁包括房屋出租和转让土地承包经营权。就吉林省来说，农民财产性收入整体较低，这与吉林省农民较为贫困以及土地的财产价值尚未充分发挥出来有关。就其他省份来说，例如江苏省，农民人均收入中财产性收入所占比重仅为 3. 55% ，但是依然高于吉林省。主要原因在于江苏省农民多数趋向于外出务工，因而农民会选择把农地流转出去，收取租金；而吉林省外出务工的农民较少，多数选择在家从事农业生产，进行土地流转的农民较少，所以转移性收入及其占比也较小。虽然吉林省农民财产性收入占农民人均收入的比重很小，但是随着我国经济的不断发展以及城镇化和市民化的进一步推进，未来一定会成为农民收入的重要来源（见表 2 - 3）。

表 2 - 3　1985~2018 年吉林省农民财产性收入

年份	农民收入（元）	财产性收入		年份	农民收入（元）	财产性收入	
		绝对额（元）	比重（%）			绝对额（元）	比重（%）
1985	646. 48	—	—	1993	1462. 88	8. 03	0. 55
1986	456. 70	—	—	1994	2008. 67	65. 51	3. 26
1987	823. 32	—	—	1995	2819. 54	145. 36	5. 16
1988	961. 80	—	—	1996	3349. 64	152. 84	4. 56
1989	1029. 88	—	—	1997	2186. 29	29. 16	1. 33
1990	1312. 79	—	—	1998	2383. 60	41. 09	1. 72
1991	1256. 90	—	—	1999	2260. 59	12. 49	0. 55
1992	1333. 27	1. 77	0. 13	2000	2022. 50	31. 26	1. 55

续表

年份	农民收入（元）	财产性收入		年份	农民收入（元）	财产性收入	
		绝对额（元）	比重（%）			绝对额（元）	比重（%）
2001	2182.22	70.54	3.23	2010	6237.44	377.45	6.05
2002	2360.81	46.49	1.97	2011	7509.95	395.73	5.27
2003	2530.41	66.40	2.62	2012	8598.17	392.96	4.57
2004	3000.40	81.35	2.71	2013	9621.21	187.86	1.95
2005	3263.99	148.35	4.55	2014	10780.12	181.84	1.69
2006	3641.13	187.74	5.16	2015	11326.17	198.63	1.75
2007	4191.30	283.31	6.76	2016	12122.94	231.76	1.91
2008	4932.74	183.20	3.71	2017	12950.44	289.07	2.23
2009	5265.91	290.86	5.52	2018	13748.17	256.55	1.87

资料来源：《吉林统计年鉴》（1986～2019年）。

（4）转移性收入地位上升，成为农民收入的稳定来源。

吉林省农民转移性收入在1985年为26.82元，2017年达到2243.21元，共增长了2216.39元，平均每年增长69.26元，增长了82.64倍（见表2－4）。1985～2017年吉林省农民转移性收入总体呈现出波动上升趋势，其中，2004～2015年上涨趋势较显著。具体分三个阶段：第一阶段为1985～1991年平稳上升阶段，这一阶段农民的转移性收入由1985年的26.82元上升到1991年的41.88元，年均增加2.51元，占农民人均收入比重在3%～4%。第二阶段为1992～2003年波动增长阶段，这一阶段农民的转移性收入总体由1992年的15.18元增加到2003年的47.34元，年均增加2.68元。此阶段吉林省农民转移性收入占人均可支配收入的比重没有较大幅度的变化，在1.62%左右徘徊。第三阶段为2004～2017年快速增长阶段，吉林省农民转移性收入由167.71元上升到2243.21元，13年间共增长了2077.5元，平均每年增长159.81元，同时农民转移性收入占人均可支配收入的比重由5.59%上升到10.17%，其中2009年这一比重最高，达到12.71%。总体来看，自2004年以来吉林省农民转移性收入比重不断增加，农民整体收入稳步上升，这与国家出台的一系列惠农政策以及不断加大对农业财政资金补贴的力度密不可分。相较其他粮食主产区，如黑龙江省和江苏省，2017 年黑龙江省的农民人均收入为 12665 元，其中，转移性收入为 2579 元，所占比重为 20.36%；同年，江苏省的农民人均收入为 19158 元，其中转移性收入为 3345 元，所占比重为 17.46%。吉林省与这两个省份相比，转移性收入最低，尤其是与江苏省相比。江苏省的农民人均耕地面积小于吉林省，但是转移性收入却高于吉林省。由此可见，尽管吉林省农民转移性收入在不断增加，但是由于吉林省经济较为落后，政府部门对农业发展的扶持力度仍需加大，农民获得的转移性收入较少，比重相对较小，增长十分缓慢。

表 2 - 4　1985～2018 年吉林省农民转移性收入

年份	农民收入（元）	转移性收入		年份	农民收入（元）	转移性收入	
		绝对额（元）	比重（%）			绝对额（元）	比重（%）
1985	646.48	26.82	4.15	2002	2360.81	48.68	2.06
1986	456.70	34.74	7.61	2003	2530.41	47.34	1.87
1987	823.32	28.51	3.46	2004	3000.40	167.71	5.59
1988	961.80	36.79	3.83	2005	3263.99	209.15	6.41
1989	1029.88	41.37	4.02	2006	3641.13	291.58	8.01
1990	1312.79	40.59	3.09	2007	4191.30	365.85	8.73
1991	1256.90	41.88	3.33	2008	4932.74	594.67	12.06
1992	1333.27	21.97	1.65	2009	5265.91	669.28	12.71
1993	1462.88	17.87	1.22	2010	6237.44	701.93	11.25
1994	2008.67	17.60	0.88	2011	7509.95	694.63	9.25
1995	2819.54	27.14	0.96	2012	8598.17	795.56	9.25
1996	3349.64	41.69	1.24	2013	9621.21	764.98	7.95
1997	2186.29	38.85	1.78	2014	10780.12	1215.01	11.27
1998	2383.60	11.85	0.50	2015	11326.17	1152.10	10.17
1999	2260.59	27.50	1.22	2016	12122.94	1969.10	16.24
2000	2022.50	35.73	1.77	2017	12950.44	2243.21	17.32
2001	2182.22	51.39	2.35	2018	13748.17	2213.89	16.10

资料来源：《吉林统计年鉴》（1986～2018 年）。

2.3 吉林省农民收入与粮食生产变动关系分析

  吉林省作为我国重要的粮食主产区之一，粮食生产在省内占据重要地位，省内超过85%的耕地用作粮食种植，从微观角度而言是由个体农户的种植行为决定，这也导致了粮食种植收入在吉林省农民人均收入中具有绝对比重。虽自1978年改革开放以来市场经济不断深化，鼓励农民多元化创收，但是到目前种植业收入仍是吉林省农民主要收入来源。确立了农民收入的主要来源，那么分析收入与历年吉林省粮食生产变动关系对于今后调整粮食生产提高农民收入具有重要意义。1978年十一届三中全会确立了改革开放的总路线，在农业方面提出"包产到户"的方针。改革开放之初，受历史思想禁锢，农业生产仍处于低产出水平，生产能力没有因为政策出台而恢复，同期吉林省农民人均收入处于历年最低水平。1985年，家庭联产承包责任制在吉林省全面推广，"包产到户、包干到户"使农业生产力被激活，相较于1978年吉林省粮食产量增加310.56万吨，增幅达33.95%，家庭联产承包责任制效果初显。此外，政策在解放生产力的同时也给予了农民更多自主性，除去上交集体、自给自足部分之余的粮食可以在市场上进行交易，这为农民增收创造了良好条件。同期吉林省农民人均收入增加464.83元，翻了近3倍，农民人均收入水平得到极大改观。随着家庭联产承包责任制在农村不断深入，农村市场活力逐步激活，粮食产量与农民人均收入也稳步上升，增长幅度平缓。1992年社会主义市场经济改革使我国市场经济进一步盘活，此后吉林省粮食产量与农民人均收入继续保持增长态势。社会主义市场经济体制改革使人们摆脱了思想束缚，粮食在不断增长的同时有适度的销路保障，因此吉林省农民人均收入才得以保持继续增长。1992~2004年吉林省粮食增产669.7万吨，涨幅36.39%；农民人均收入增加1667.13元，涨幅125.04%。2004年，吉林省进行农业税制改革，减轻了农民负担，同年水稻小麦收购价实施更刺激了农户粮食种植。吉林省粮食产量继续保持增产的同时，农民人均收入进入快速上涨阶段。2004～2008 年，吉林省粮食增长 386.41 万吨，年均增长 3.64%；农民人均收入增加 1932.3 元，年均增长 13.23%。2008 年受国际粮价下跌影响，国内粮食价格也被波及，受此影响吉林省粮食产量自 1978 年以来首次出现下跌，到 2009 年粮食减产 417.06 万吨，降幅 14.40%，减产量较大。受粮食减产影响，同期农民人均收入增速放缓，仅达到 6.75%，比上一个阶段放缓近一倍，这进一步验证了吉林省粮食生产性收入是农民人均收入的主要来源，影响程度较大。但同时农民人均收入首次突破 5000 元。2009～2017 年，吉林省粮食产量一直保持稳定增产的状态，截止到 2017 年粮食产量增加 1671.62 万吨，年均增长 6.67%，粮食生产取得了巨大成就。基于粮食增产，吉林省农民人均收入增长也步入"快车道"，取得了年均增长 11.91% 的成绩，这也主要得益于粮食增产为农民带来了增收保障，这也是粮食主产区农民收入与粮食生产变动所呈现出的特有关系（见图 2-3）。

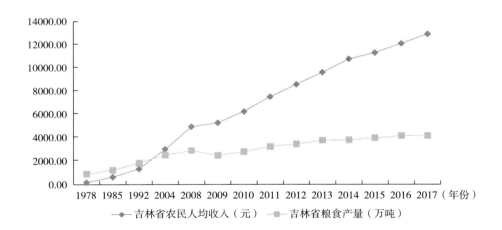

图 2-3 1978～2017 年吉林省农民人均收入与粮食产量变动情况

资料来源：《吉林统计年鉴》（1980～2018 年）。

吉林省地处世界三大黄金玉米带的东北玉米带，优越的地理区位使玉米成为吉林省的主要粮食作物。截止到 2017 年底，玉米播种面积占粮食总播种面积的 75.11%，加之玉米产量高、田间管理便捷使玉米在吉林省农业生产中占有绝对优势，换言之吉林省农民人均收入主要来自种植玉米获得的收入。吉林省丰富的耕地资源、特有的黑土地与雨热同期的气候条件为玉米种植提供了基础。

从图 2-4 中可以直观发现，1978~2017 年吉林省农民人均收入与玉米播种面积整体呈上升趋势，且农民人均收入增长幅度大于玉米播种面积增长幅度。1978 年在实行改革开放之初，对农村改革的措施并没有深入到全国，部分地区仍然实行集体所有制，虽然吉林省在 1978 年玉米播种面积达到 1520.1 千公顷，但是农民人均收入并没有与玉米种植现状相匹配，处于改革开放以来历史最低点。直到家庭联产承包责任制全面推广之后，吉林省农民人均收入才明显增加。后来，我国又经历了社会主义市场经济体制改革与农业税制改革，为吉林省扩大玉米种植建立了良好的宏观条件，间接增加了农民收入。众所周知，玉米兼具粮食作物与饲料作物的双重属性，历来受到国家重视，针对玉米实施的政策也在不断完善。为应对国际粮食价格波动对国内粮食的影响，国家在 2008 年出台的玉米临时收储政策鼓励了农民生产积极性，从 2008~2015 年吉林省玉米种植面积逐年攀升，带来了玉米产量的快速增长。临储政策直接干预国内玉米市场价格，而逐年上涨的临储价格也为吉林省农民收入的上涨埋下了伏笔，农民收入来到了快速上涨时期，年均增长 12.61%。2015 年末，国家首次下调玉米临储价格，此举对吉林省农民种植玉米的信心造成一定影响，最直接的表现是 2016 年玉米种植面积较 2015 年减少 9.1 千公顷，同期农民人均收入增长幅度放缓，仅为 7.03%，较 2008~2015 年的年均增长率明显减速。实施了 8 年的玉米临储政策所暴露的弊端日益严峻，为缓解其影响，国家于 2016 年末将玉米临储政策调整为价补分离政策，玉米价格随行就市，补贴单独发放而不直接通过玉米价格表现出来。政策的进一步调整对吉林省农民而言，收入似乎失去了临储政策时期的保障，导致玉米种植面积进一步调减，到 2017 年吉林省玉米种植面积较上一年缩减 78 千公顷，而同期农民收入增幅仅为 6.8%，较上一阶段继续放缓，由此可知玉米种植对吉林省农民收入的影响较大，这也是吉林省作为玉米主产区呈现出的另一个特点（见图 2 - 4）。

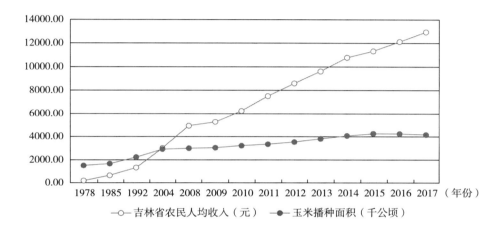

图 2 - 4　1978 ~ 2017 年吉林省农民人均收入与玉米播种面积变动情况

资料来源：《吉林统计年鉴》（1980 ~ 2018 年）。

通过上述对吉林省农民收入与粮食生产变动关系的分析可以发现，吉林省农民人均收入的变动与粮食产量具有密切关系，粮食产量的变动影响着农民收入，具体而言粮食产量的增加带动农民收入的增加。而吉林省粮食生产又是以玉米生产为主，玉米的生产对政策的依存度较高。吉林省作为农业大省，农民收入主要来源于玉米种植，因此需要重视玉米在农民收入中所占据的重要地位。由于吉林省的地理区位因素，玉米依然并将长期是吉林省主要粮食作物。在价补分离政策实施下，虽然玉米市场价格相较于临储时期出现大幅下跌，但是补贴的发放在一定程度上增加了农民收入。需要注意的是对玉米优势产区应该继续鼓励玉米种植，对非玉米优势产区进行玉米播种面积的调减，进而使省内种植结构趋向合理，逐步平衡玉米供求关系，稳定市场价格，这有利于吉林省农民收入的稳定。

2.4　粮食产量与农民收入的协整关系检验

首先，对 1985 ~ 2017 年吉林省粮食产量（GRP_t）、农民人均纯收入（SR_t）变量进行 ADF 检验。通过运用两步检验粮食产量与农民人均纯收入变量之间的协整关系，验证它们之间是否存在长期均衡关系，以观察粮食产量增长对农民收入增长的影响程度。

利用 Eviews10.0 软件，根据 AIC 准则确定最佳滞后阶数，对时间序列 GRP_t、SR_t 的水平值、一阶差分、二阶差分的单位根进行 ADF 检验，结果见表 2 – 5。检验结果表明，$\triangle^2 GRP_t$、$\triangle^2 SR_t$ 的 ADF 检验统计量均小于 10%、5%、1% 显著性水平下的 Mackinnon 值，因此可以认为 GRP_t、SR_t 时间序列经过二次差分后都不存在单位根，是平稳序列。

以吉林省农民人均纯收入（SR）为被解释变量，粮食产量（GRP）为解释变量，建立协整回归模型：$SR_t = \alpha + \beta GRP_t + \mu$。

表 2 – 5　粮食产量与农民收入变量的 ADF 检验结果

变量	ADF 检验值	临界值（1%）	临界值（5%）	临界值（10%）	检验结果
GRP_t	0. 263424	– 3. 661661	– 2. 960411	– 2. 619160	非平稳
SR_t	3. 964560	– 3. 653730	– 2. 957110	– 2. 617434	非平稳
$\triangle^1 GRP_t$	– 8. 520822	– 3. 661661	– 2. 960411	– 2. 619160	平稳
$\triangle^1 SR_t$	– 3. 159578	– 3. 661661	– 2. 960411	– 2. 619160	平稳
$\triangle^2 GRP_t$	– 9. 013628	– 3. 679322	– 2. 967767	– 2. 622989	平稳
$\triangle^2 SR_t$	– 6. 159150	– 3. 679322	– 2. 967767	– 2. 622989	平稳

注：表中 $\triangle^1$ 表示一阶差分，$\triangle^2$ 表示二阶差分。

利用 OLS 估计协整回归方程，结果如下：

$$SR_t = -6335.278 + 4.270820GRP_t + \mu_t$$

$$t = （-11.37100）（19.81174）$$

$$R^2 = 0.926801,\ DW = 1.392358,\ F = 392.5051$$

得到残差序列 μ_t，检验其平稳性，发现 μ_t 单位根 ADF 统计值为 -4.379891，小于 1% 显著性水平下的 Mackinnon 值，所以认为 μ_t 为平稳序列，表明 GRP_t、SR_t 之间存在协整关系。

通过上述统计数据检验发现吉林省粮食产量与农民人均纯收入存在协整关系，这说明粮食产量与农民人均纯收入之间存在稳定的增长关系。

第 3 章　吉林省农民各收入来源 影响因素分析

随着市场经济体制改革的不断推进，吉林省农民收入增长由波动增长转变为稳步增长。随着二三产业的发展和城乡人口流动等国家政策的调整，农民职业分化开始出现，收入来源结构同步发生变化：家庭经营性收入虽仍然占据主体地位，但工资性收入快速增加、财产性收入和转移性收入也逐步上涨。本章主要通过微观调查数据和宏观统计数据，对吉林省农民各收入来源的影响因素进行分析，为后文探寻农民收入增长的路径提供合理的依据。

本章所使用的微观调查数据来自于 2016～2017 年开展的实地调研。课题组选取吉林省长春市、四平市、吉林市、辽源市和白城市，每个市选择一个县，每个县选取两个村，每村随机选取 25 户，共计调查 300 户农民，收获有效问卷 292 份，问卷有效率 97.33%。本次调查主要是为了了解农民从事农业生产和外出务工的基本情况，因此在实践调查时，遵循着尊重客观事实，通俗易处理的原则，根据农民的实际情况，记录及收集所需数据。调查内容还涉及玉米生产投入的成本（种子、化肥、机械租赁、雇工、土地流转等）、玉米产量、玉米价格、玉米生产者补贴等，通过这些数据对影响吉林省农民收入增长的因素进行分析。样本农民呈现以下特点：①从性别来看，被调查的农民男性占样本总量的 76%，女性占 24%。②从年龄结构来看，从事农业劳动的年轻人比例较低，中老年比例较高，年龄在 21～30 岁的农民，占样本总量的 6.51%；年龄在 31～40 岁的农民，占样本总量的 21.58%；年龄在 41～50 岁的农民,占样本总量的 45.21% ;年龄在 51~60 岁的农民,占样本总量的 26.71% 。可见,年龄在 41 岁以上的农民占到 71.92% ,反映了农村中大部分是中老年人群留守,一般是农业生产的主要劳动力,很多青年外出务工。③从受教育程度来看,其中拥有高中文化程度的农民占样本总量的 9.99% ;初中文化程度的农民,占样本总量的 51.37% ;小学文化程度的农民占 36.30% ;未接受教育的农民占 2.40% 。农民受教育程度普遍偏低,主要以小学初中为主,并有一小部分人未受过教育。

3.1 各收入来源内部结构分析

3.1.1 家庭经营收入内部结构分析

家庭经营收入是指农村住户以家庭为生产经营单位进行生产筹划和管理而获得的收入。家庭经营收入比较繁杂,按行业划分可以分为一二三产业经营收入。在吉林省农民家庭经营收入中,第一产业中的农业净收入为主要组成部分。根据统计数据,2016~2018 年,吉林省农民人均家庭经营收入分别为 7558.94 元、7399.82 元和 7756.24 元。其中,第一产业经营收入占比在 90% 左右,第二产业经营收入占比约为 1%~1.8% ,第三产业经营收入占比为 5%~8% 。在第一产业经营收入中,主要收入来源为农业经营收入,占比在 84% 左右,其次是牧业经营收入。在第二产业经营收入中,制造业和建筑业占比较高。在第三产业经营收入中,批发和零售业、农林牧渔服务业、交通运输仓储和邮政业占比位居前三位,如表 3-1 所示。

表 3 - 1　吉林省农村居民人均家庭经营收入　　　　　　　单位：元

年份	2016		2017		2018	
家庭经营净收入	7558.94		7399.82		7756.24	
（一）第一产业经营净收入	7017.12	92.83%	6656.95	89.96%	7043.4	90.81%
1. 农业	5981.21	85.24%	5563.1	83.57%	5973.71	84.81%
2. 林业	380.11	5.42%	318.3	4.78%	346.69	4.92%
3. 牧业	651.31	9.28%	770.73	11.58%	726.85	10.32%
4. 渔业	4.49	0.06%	4.82	0.07%	-3.84	-0.05%
（二）第二产业经营净收入	98.43	1.30%	137.94	1.86%	83.9	1.08%
1. 采矿业	0	0	-0.13	-0.09%	-0.48	-0.57%
2. 制造业	97.85	99.41%	127	92.07%	40.3	48.03%
3. 电力、热力、燃气及水生产和供应业	-0.32	-0.33%	0.02	0.01%	2	2.38%
4. 建筑业	0.9	0.91%	11.05	8.01%	42.09	50.17%
（三）第三产业经营净收入	443.39	5.87%	604.92	8.17%	628.94	8.11%
1. 批发和零售业	133.25	30.05%	163.13	26.97%	284.08	45.17%
2. 交通运输、仓储和邮政业	86.33	19.47%	109.08	18.03%	71.65	11.39%
3. 住宿和餐饮业	23.68	5.34%	29.03	4.80%	49.35	7.85%
4. 房地产业	-0.16	-0.04%	-0.74	-0.12%	0	0
5. 租赁和商务服务业	9.7	2.19%	2.37	0.39%	2.28	0.36%
6. 居民服务、修理和其他服务业	27.12	6.12%	69.28	11.45%	56.44	8.97%
7. 其他	38.9	8.77%	28.83	4.77%	35.24	5.6%
8. 农林牧渔服务业	124.58	28.1%	203.94	33.71%	129.9	20.65%

资料来源：《吉林统计年鉴2019》。

3.1.2　财产性收入和转移性收入内部结构分析

财产性收入中，除利息收入、红利收入、房屋出租收入外，还包括转让承包土地经营权租金收入和出租机械收入。随着劳动力外出务工人数的增加和农业生产规模的扩大，承包土地经营权流转日益普遍。承包土地经营权流转所获得的租金收入也越来越成为农户一项重要的财产性收入。2016～2018 年吉林省农户财产性收入约为 230～280 元。其中，转让承包土地经营权租金净收入约占 70%～80%；除此之外，利息收入和出租机械、专利、版权等资产的收入是农户较为重要的财产性收入来源，如表 3－2 所示。

表 3－2　吉林省农村居民人均财产性收入　　　　　　单位：元

年份	2016		2017		2018	
财产净收入	231.76		289.07		256.55	
（一）利息净收入	13.63	5.88%	31.17	10.78%	12.00	4.68%
（二）红利收入	1.25	0.54%	19.5	6.75%	5.91	2.30%
（三）储蓄性保险净收益	2.17	0.94%	1.68	0.58%	1.64	0.64%
（四）转让承包土地经营权租金净收入	198.28	85.55%	210.37	72.77%	195.3	76.13%
（五）出租房屋财产性收入	5.25	2.27%	12.59	4.36%	4.63	1.80%
（六）出租机械、专利、版权等资产的收入	2.34	1.01%	11.18	3.87%	27.74	10.81%
（七）其他财产净收入	8.85	3.82%	2.57	0.89%	9.32	3.63%

资料来源：《吉林统计年鉴 2019》。

　　转移性收入所包括的内容相对比较复杂，除现金政策性惠农补贴外，还包括养老金或离退休金、社会救济和补助、家庭外出从业人员寄回带回收入等。2016～2018 年，吉林省农民人均转移性收入分别为 2224.19 元、2480.35 元和 2639.65 元，上涨幅度比较明显。其中，现金政策性惠农补贴占比最大，约占转移性收入的 45%～57%。其次是养老金和离退休金，约占转移性收入的15%～23%。家庭外出从业人员寄回带回收入也是农民转移性收入的一个重要来源，其占转移性收入的比例也超过了 10%，如表 3－3 所示。

表3-3　吉林省农村居民人均转移性收入　　　　　单位：元

年份	2016		2017		2018	
转移性收入	2224.19		2480.35		2639.65	
1. 养老金或离退休金	350.78	15.77%	416.3	16.78%	616.20	23.34%
2. 社会救济和补助	39.58	1.78%	57.05	2.30%	102.14	3.87%
3. 政策性生活补贴	8.18	0.37%	5.95	0.24%	26.15	0.99%
4. 报销医疗费	180.73	8.13%	232.98	9.39%	194.28	7.36%
5. 家庭外出从业人员寄回带回收入	230.00	10.34%	308.29	12.43%	289.06	10.95%
6. 赡养收入	120.61	5.42%	150.29	6.06%	180.71	6.85%
7. 其他经常转移收入	19.03	0.86%	25.93	1.05%	16.30	0.62%
8. 从政府和组织得到的实物产品和服务折价	5.14	0.23%	10.02	0.40%	6.53	0.25%
9. 现金政策性惠农补贴	1270.14	57.11%	1273.54	51.35%	1208.27	45.77%

资料来源：《吉林统计年鉴2019》。

3.2　家庭经营收入的影响因素分析

3.2.1　农户的资源禀赋

农户资源禀赋的优劣是影响其家庭经营收入的重要因素。农户占有的资源数量较多，便具有了发展农业的先天优势。通过综合开发和利用资源，提高资源利用率，增加产出，就可以提高其家庭经营收入。本章所讨论的农户资源禀赋，除以土地为代表的自然资源外，还包括劳动力、机械和科技等非自然资源。

一是土地资源。1992年吉林省人均耕地面积为0.27公顷，2018年人均耕地面积增长到0.39公顷，增长了0.12公顷。在其他条件不变的情况下，人均耕地面积增加，有利于开展多样化农业生产经营，增加农产品产量，进而增加农户的家庭经营收入。根据微观农户调查数据显示，在耕地面积方面，人均耕地面积在 0.2～1 公顷的农户有 111 户，占 38%；1～2 公顷的农户有 143 户，占 49%；2～3 公顷的农户有 20 户，占 7%；3～4 公顷的农户有 6 户，占 2%。样本中有 69% 的农户有转入土地的情况，参加农民专业合作社并进行土地流转的农户有 12 户；土地流转年限为 1 年的农户占流转土地农户的比重达到 75%。从调研数据看，流转土地经营稳定性较差，部分农户实现规模经营还有很大差距，一定程度上制约着家庭经营收入增长。就土地资源的质量而言，主要体现在粮食单产水平上，其中包括土地的自然条件和附着在土地上的肥料，前者是指吉林省地处松辽平原，土壤肥沃的自然优势；后者是指土地每公顷的施肥量。以玉米为例，1992 年以来吉林省年平均化肥施用量为 25.02 千克/亩，其中施肥量最高值为 2001 年 31.35 千克/亩、最低值为 2004 年 15.43 千克/亩，2018 年为 29.29 千克/亩。相对较为丰裕的土地资源对于吉林省农民家庭经营性收入提供了稳定的基本保障。

二是农业劳动力。吉林省 1992 年的第一产业从业人数占总人数的比重为 47.79%，2015 年下降至 35.47%，24 年间下降了 12.32%；2017 年再次降至 33.01%。微观调研数据显示，在被调查的 292 户农民中，农民从事农业生产的人数占调查家庭总人口数的 46.56%。随着工业化和城镇化的不断推进，第三产业的发展对于劳动力的吸纳能力逐渐提升，由此产生了农村家庭经营的分化。部分农户在离土经营中受益，逐步放弃土地经营，促使土地集中，从而产生了大量的剩余劳动力，第一产业从业人员比重缓慢下降，闲置耕地增加，有利于土地规模化集约经营。虽然农业劳动力从事第一产业的比重在下降，但是农民家庭经营收入并未因此而下降。

三是农业科技水平。整体上看，吉林省的农业科技水平相对较低，对农业发展的贡献率不高，如 2011 年的农业科技贡献率为 53%。一方面源自于技术本身。虽然吉林省拥有包括高校、科研院所、企事业单位在内的农业科技研发机构，但其所研发的技术的适用性及推广程度均决定了农业科技的贡献率。另一方面源自于农户对于技术的接受和采纳程度。以保护性耕作技术为例，2007年吉林省开始实施保护性耕作技术，推广玉米缩垄增行、防治玉米螟等高产节本增效技术，提高了农业生产率，但测土配方施肥等关键技术的推广和采用程度仍然不高，仅有20%的农民认为应该改进施肥技术。除上述两方面因素外，还存在另一个关键因素是政府提供的公共服务。在实际调研中，90%的村庄没有农业技术推广站，由于人员、技术、资金等因素的限制，多数农业技术推广站有名无实，不能发挥农业技术的推广实用作用，导致农业科技水平得不到实质提高，阻碍家庭经营收入稳定增长。

四是人均机械拥有量。1992年吉林省农民人均机械拥有量为0.91千瓦，2015年为4.15千瓦，24年增长了3.24千瓦，年平均增长0.135千瓦。2014年吉林省农作物机械化耕种收综合水平达到77.9%，比全国平均水平高16.9%，大规模采用机械化生产，提高农业生产资源的利用效率，减少农业劳动力数量，使农业劳动力更多地从农业生产经营中转移出来，进行非农业生产经营活动，增加农民家庭收入，提高农民生活水平，如表3-4所示。

表3-4 吉林省农户资源禀赋

年份	人均耕地面积（公顷/人）	粮食单产（千克/公顷）	第一产业从业人数占总人数的比重（%）	劳均机械拥有量（千瓦/人）
1992	0.27	5203.14	47.79	0.91
1993	0.27	5390.03	46.26	0.95
1994	0.27	5651.44	45.65	0.93
1995	0.28	5570.10	45.02	1.05
1996	0.28	6419.10	44.73	1.14
1997	0.28	5034.00	44.52	1.25
1998	0.28	7024.95	48.20	1.34
1999	0.28	6562.50	49.21	1.43
2000	0.28	4272.60	50.20	1.58

续表

年份	人均耕地面积（公顷/人）	粮食单产（千克/公顷）	第一产业从业人数占总人数的比重（%）	劳均机械拥有量（千瓦/人）
2001	0.28	4649.25	50.18	1.71
2002	0.36	5485.50	49.49	1.75
2003	0.36	5629.65	49.25	1.84
2004	0.36	5820.90	46.10	1.97
2005	0.37	6010.50	45.67	2.15
2006	0.38	6433.95	45.20	2.27
2007	0.39	5660.85	44.59	2.39
2008	0.39	6467.55	44.01	2.53
2009	0.40	5556.00	43.84	2.77
2010	0.42	6327.60	43.26	2.92
2011	0.43	6976.80	42.90	3.15
2012	0.46	7251.15	41.08	3.40
2013	0.47	7413.45	38.96	3.61
2014	0.45	7064.70	36.87	3.85
2015	0.45	7181.10	35.47	4.15
2016	0.46	7489.00	33.83	4.18
2017	0.47	7492.90	33.01	4.32

资料来源：《吉林统计年鉴》（1993～2018 年）。

3.2.2　农村产业结构

农村产业结构包括两个层次：第一层次为农业生产结构，即农林牧渔结构；第二层次为农村的三次产业结构。吉林省存在农业生产结构和农村产业结构不够合理的问题，从这个角度来看农民收入，只有部分农民能够在专业化的基础上从事粮食以外的经营，拥有广阔的经营活动空间，也意味着有更多的收入渠道，而大部分农民依然从事以种植业为主的生产结构及处于以第一产业为主的农村产业结构，不利于农民收入增加。

就农业生产结构而言，吉林省农业生产主要以种植业和畜牧业为主，林业和渔业占比较小，农业生产结构比较单一。其中，牧业总产值虽然排在第二位（个别年份超过种植业产值，如 2008 年、2009 年、2011 年和 2016~2018 年），但由于畜牧业经营所需资本投入较多，农民经营畜牧业多是家庭小规模经营，因而牧业收入在农民收入中的占比和对农民收入增长的贡献率均较低。在实际调研中，300 户被调查农户中只有 69 户农户兼业养殖业，占比为 23%。1992年，农民农业收入占家庭经营收入的比重为 78.14%，2016 年为 85.24%，2018 年下降至 84.81%；1992 年农民牧业收入占家庭经营收入的比重为11.48%，2016 年为 9.28%，2018 年上升至 10.32%。来自种植业的收入依然占据主导地位。对吉林省种植业进一步细分，农民主要种植粮食作物，其中玉米占比最大，水稻、大豆为辅，种植品种的单一性，限制了农民增收的空间。总体来看，1992 年吉林省的玉米种植面积占粮食播种面积的比重为 63.16%，2015 年玉米播种面积占粮食播种面积的比重为 74.83%，24 年中上升了11.67%；而同期水稻和大豆种植面积占比分别由 12.51% 上升到 15.00% 和12.37% 下降到 3.18%。实际调研中，吉林市驿马乡及榆树市青山乡农户普遍种植玉米和水稻，其种植玉米和水稻的比例大约是 1:1，其他地方（除白城外）主要以种植玉米为主。

就农村产业结构而言，由于统计数据上的障碍，本研究没有选择农村产业结构指标，而是选用农户家庭经营收入结构的数据，共包括三大部分，即第一产业经营收入、第二产业经营收入和第三产业经营收入。一般来说，家庭经营收入结构可以间接反映农村产业结构的发展状况，反过来说，农村产业结构也直接决定了家庭收入结构。而且大量农村剩余劳动力转往外地打工，其为外地所创造的二三产业产值，通过本地的三次产业结构却难以反映，而通过家庭收入结构恰恰可以在一定程度上得到反映。因此选用农民家庭收入结构来衡量农村产业结构是具有合理性的。吉林省农户家庭经营收入结构中，第一产业收入占比很高，各年均超过 90%，仅 2017 年为 89.996%。第二产业相对稳定，占比为 1% 左右。第三产业收入占比增加幅度比较明显，2016 年以前均低于

6%，2017 年和 2018 年均超过了 8%。农民如仅仅依靠第一产业收入拉动家庭经营收入的增长，产业结构单一会致使收入来源渠道狭窄，长此以往，最终会导致农民收入增长乏力。吉林省农业结构中传统种植业将长期占据主导地位，由于传统种植业生产效率低下，不利于农民增产增收，农民的家庭经营收入难以提高，如图 3 - 1 所示。

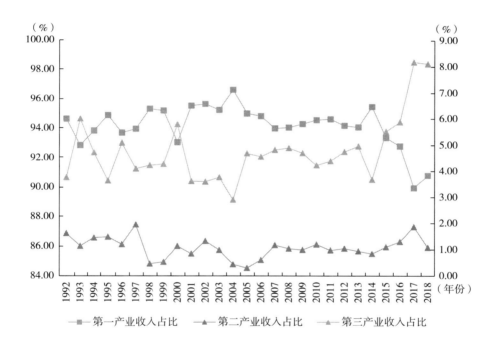

图 3 - 1　1992～2018 年吉林省农民家庭经营收入结构变化

资料来源：《吉林统计年鉴》（1993～2019 年）。

3.2.3　生产成本

农业生产成本是进行农业生产过程中发生的损耗，农业生产成本的多少直接影响到农民家庭经营收入的多少。农业生产资料包括种子、饲料、燃料、生产工人工资等管理生产和为生产服务的费用，这些生产资料价格的上涨会增加农民的负担,不利于农民家庭经营收入的提高。吉林省农民种植玉米、水稻、大豆这三种作物,家庭经营收入受农业生产资料价格的影响明显。

从种子费来看,1992～1995 年吉林省玉米亩均种子费由 8.74 元/亩上升到 31.82 元/亩,1996～2001 年由 30.24 元/亩下降到 17.24 元/亩,2002～2018 年由 19.74 元/亩上升到 48.02 元/亩。1992 年水稻亩均种子费为 6.93 元/亩,2018 年上升到 37.07 元/亩,增加了 30.14 元/亩。1992 年大豆亩均种子费 9.59 元/亩,2018 年上升到 28.67 元/亩,增加了 19.08 元/亩。

从化肥费来看,1992～1996 年吉林省玉米亩均化肥费由 40.17 元/亩上升到 86.65 元/亩,1997～2001 年由 84.77 元/亩下降到 57.36 元/亩,2002～2018 年由 61.86 元/亩上升到 163.39 元/亩,增长了 2.64 倍。1992～1997 年水稻亩均化肥费由 32.82 元/亩上升到 74.85 元/亩,1998～2001 年由 67.66 元/亩下降到 51.54 元/亩,2002～2018 年由 56.35 元/亩上升到 126.90 元/亩,增长了 2.25 倍。1992～1995 年大豆的亩均化肥费由 16.82 元/亩上升到 39.44 元/亩,1996～2018 年由 28.63 元/亩上升到 85.08 元/亩,增长了 2.97 倍。

从租赁作业费来看,1992～2018 年吉林省玉米亩均租赁作业费由 5.78 元/亩上升到 139.5 元/亩,增长了 24.13 倍。水稻的亩均租赁作业费由 13.85 元/亩上升到 289.18 元/亩,增长了 20.89 倍。大豆的亩均租赁作业费由 3.30 元/亩上升到 83.39 元/亩,增长了 25.27 倍。

从劳动力成本来看,由于统计数据的差异,本节选取 1992～2003 年吉林省农民玉米、水稻和大豆的用工作价衡量劳动力成本,而 2004～2018 年主要是用雇工成本进行统计,其中,雇工成本主要由用工作价和雇工费用两部分组成。可以看出,吉林省的玉米、水稻和大豆的劳动力成本总体呈上升趋势,玉米亩均劳动力成本由 36.66 元/亩上升到 341.56 元/亩,2014 年劳动力成本最高,达到 433.27 元/亩。水稻亩均劳动力成本由 61.27 元/亩上升到 479.4 元/亩。大豆亩均劳动力成本由 28.12 元/亩上升到 277.89 元/亩。劳动力成本的快速上涨,使进行农业生产的开支增加,不利于家庭经营收入的增加,如表 3－5 所示。

表 3 - 5　吉林省主要粮食作物分项生产成本

年份	种子费（元/亩）			化肥费（元/亩）			租赁作业费（元/亩）			劳动力成本（元/亩）		
	玉米	水稻	大豆	玉米	水稻	大豆	玉米	水稻	大豆	玉米	水稻	大豆
1992	8.74	6.93	9.59	40.17	32.82	16.82	5.78	13.85	3.30	36.66	61.27	28.12
1993	9.75	7.44	12.25	41.41	33.77	17.53	6.34	15.87	5.45	41.12	62.57	34.07
1994	12.78	11.08	16.35	63.01	45.12	22.81	7.02	17.91	4.87	49.37	85.94	31.62
1995	31.82	12.54	13.36	86.11	64.29	39.44	7.16	13.76	4.03	74.53	100.30	51.90
1996	30.24	17.27	16.85	86.65	63.41	28.63	7.22	19.79	1.69	87.30	122.22	53.35
1997	20.73	16.27	20.74	84.77	74.85	26.84	10.79	24.67	9.22	101.00	135.00	60.00
1998	19.28	13.73	18.06	81.16	67.66	32.46	12.78	19.72	7.68	92.26	113.09	61.92
1999	18.7	12.82	20.97	76.24	68.88	27.16	13.01	20.47	12.85	89.97	101.84	67.17
2000	18.43	13.34	21.18	68.85	55.87	29.83	13.69	25.85	14.03	86.00	98.00	71.00
2001	17.24	11.65	17.71	57.36	51.54	25.65	14.6	33.16	9.81	90.48	111.28	56.16
2002	19.74	14.23	18.24	61.86	56.35	27.69	24.21	38.44	11.03	94.60	110.00	72.60
2003	22.49	13.74	19.03	62.63	54.08	23.91	21.89	35.28	10.27	92.96	120.96	69.44
2004	23.1	12.72	23.19	77.16	62.26	36.22	42.61	89.59	35.86	134.64	142.49	110.77
2005	26.17	18.6	21.53	85.34	77.19	48.5	41.27	100.55	32.17	119.65	138.93	98.69
2006	29.84	19.0	22.18	113.78	78.18	48.13	53.96	114.79	38.07	127.73	141.09	89.15
2007	32.59	18.79	20.36	103.7	89.61	56.68	64.61	132.62	48.54	135.23	173.81	82.33
2008	33.06	18.72	33.75	146.54	122.32	82.59	72.9	157.95	56.58	142.36	190.59	86.76

续表

年份	种子费（元/亩）			化肥费（元/亩）			租赁作业费（元/亩）			劳动力成本（元/亩）		
	玉米	水稻	大豆	玉米	水稻	大豆	玉米	水稻	大豆	玉米	水稻	大豆
2009	38.08	19.58	27.98	137.74	113.52	70.61	76.74	175.00	56.98	147.99	218.76	99.52
2010	47.16	23.07	27.43	133.99	111.92	75.79	97.7	183.53	65.6	188.72	283.34	105.06
2011	48.43	30.78	28.49	158.87	128.47	88.92	121.85	225.63	81.74	255.70	324.92	139.01
2012	50.06	34.28	30.79	178.54	147.09	99.09	121.98	234.83	88.79	365.56	416.34	192.72
2013	49.97	39.3	33.73	176.66	153.82	105.4	143.82	265.55	97.43	411.56	499.96	255.78
2014	46.46	39.09	32.14	159.29	131.44	92.24	144.88	249.53	93.12	433.27	524.61	272.61
2015	52.38	38.36	31.71	171.43	126.09	86.43	147.56	271.02	76.37	422.86	537.24	286.56
2016	53.01	35.84	30.40	164.78	119.86	78.04	140.26	272.55	73.10	406.91	527.18	285.56
2017	49.96	37.95	29.89	153.94	117.28	92.29	143.57	266.11	69.62	359.07	512.12	260.50
2018	48.02	37.07	28.67	163.39	126.90	85.08	139.50	289.18	83.39	341.56	479.40	277.89

资料来源：《全国农产品成本收益资料汇编》（1993～2019 年）。

以玉米为例，在实际调研中，292 户农民亩均种子费为 95.42 元/亩，亩均化肥费较高，达到 292.44 元/亩，亩均农药费是 25.12 元/亩。实际上，36.99% 的农民自家拥有机械或者不用机械，剩余 63.01% 的农民的亩均机械租赁费为 150.31 元/亩，且 45.89% 的玉米地不需要灌溉或者缺乏灌溉条件，剩余 54.11% 的农民的亩均水电油费为 34.74 元/亩。在雇工方面，77% 的农民不雇工，多为机械代替劳力，或者完全亲力收获，大约 23% 有雇工的农民均是发生在农忙时节，雇工费用基本在 120~170 元/天，雇工工日基本维持在 1~3 天，雇工总支出大约在 300~7500 元波动。另外，对于土地流入的农民来说，地租成本成为农民的重要支出项目。2016 年，受到玉米临时收储政策取消的影响，除去个别农民早前从村集体和学校买入的地较便宜之外，平均每户农民需要支出亩均地租费 367 元。农业机械化经营使生产要素投入大幅上涨，不利于农民家庭经营收入的提高。

3.2.4　农产品价格

在农产品产量不变的情况下，农民家庭经营收入主要受农产品价格变化的影响。吉林省农户农作物种植主要以玉米、水稻和大豆为主，其中玉米占据主体地位，玉米等粮食收购价格直接决定了农民家庭经营收入的多少。如图 3-2 所示，从玉米价格来看，1992~2007 年吉林省玉米平均出售价格由 0.38 元/千克上升到 1.38 元/千克。2008 年国家在东北和内蒙古实施了玉米临时收储价格政策，2008~2015 年，吉林省的玉米价格由 1.40 元/千克上升到 2015 年的 2.01 元/千克，2012 年玉米价格最高，为 2.27 元/千克，增加了农民家庭经营收入。据调查，2015 年吉林省农民玉米出售价格基本是 1.40~2.00 元/千克，而 2016 年国家取消了玉米临时收储价格政策，玉米出售价格下降到 0.92~1.22 元/千克，回归玉米本身的价值。

从水稻价格来看，1992 年吉林省亩均出售价格为 0.70 元/千克，2005年增长到 1.91 元/千克，14 年上涨了 1.21 元/千克，2004 年为保障农民种植小麦和水稻的收益，实行最低收购价政策，2004～2015 年，水稻价格从 1.68 元/千克上升到 3.02 元/千克，从而有效缓解了生产成本增加对农民增收的压力。

从大豆价格来看，吉林省大豆亩均出售价格相对于玉米和水稻波动幅度较大，由于 21 世纪初我国大豆市场的开放，国内大豆的价格受到国际市场的严重冲击，导致吉林省的大豆价格低迷，2008 年开始国家实施大豆临时收储价格政策，2006～2013 年，大豆价格由 2.42 元/千克上升到 4.57 元/千克，保障了豆农的收益。为了尊重市场规律，2014 年国家实施大豆、棉花目标价格试点，2014～2015 年大豆价格由 4.20 元/千克下降到 4.01 元/千克。总体来看，吉林省的农产品价格以 2007 年为拐点，受到政策影响显著，2007 年之后玉米、水稻和大豆的平均出售价格总体呈上升趋势，从而保证农民增产增收。

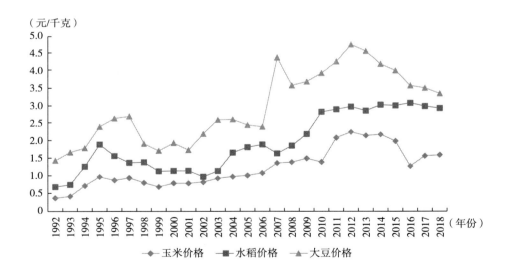

图 3－2　1992～2018 年吉林省主要农产品价格

资料来源：《全国农产品成本收益资料汇编》（1993～2019 年）。

3.3　工资性收入的影响因素分析

3.3.1　非农产业发展水平

积极发展非农产业有利于转移农村剩余劳动力、提高农业生产效率和农业生产的机械化水平，同时也可以给转移出来的剩余劳动力增加工资性收入。从工业结构上看，吉林省的重工业较为发达。在计划经济时期，国家主导实施的一系列大项目放在了东北地区，解决了许多人的落户问题。后期在国家和地方政府的支持下，吉林省的重工业得到了相对稳定的发展。吉林省的轻工业和第三产业发展相对起步较晚，但受社会需求的影响，后期的增长速度有所提高。本研究通过第二产业和第三产业的增长率占地区生产总值增长率的比重表示吉林省的非农产业发展状况。从图 3-3 可以看出，1992～2018 年吉林省的非农产业发展水平起点高，但非农产业整体发展速度却略显缓慢。1992 年，吉林省非农产业占比为 76.56%。经 1993 年小幅上升后，下降至 72.34%。至 2000 年，吉林省非农产业占比恢复至 79.57%的水平。此后至 2009 年，吉林省非农产业以相对平衡且较快的速度发展；而后至 2014 年，增长速度平缓。2016～2018 年，发展速度较快，且占比超过 90%。吉林省非农产业的发展，增加了对劳动力的需求，为农户工资性收入的增加提供了可能。

实际调研数据显示，调研农户外出务工主要集中在传统产业的末端，以从事制造业、建筑业和服务业为主，这部分的农民占调查总数的 19%，且多在农闲时节出去务工。受外出务工时间及就业岗位的限制，调查农户农民工资性收入的增长变化并不明显。如若本地区农村工业化水平高，则对于农民就地转移就业、节省外出就业的生活成本，具有一定的作用，从而能够间接实现增加农民收入的目标。在调查的样本中，吉林省农民仍以传统的农业生产为主，农村工业化水平较低和非农产业发展欠缺，不利于农村剩余劳动力就地转移和农民工资性收入增长。

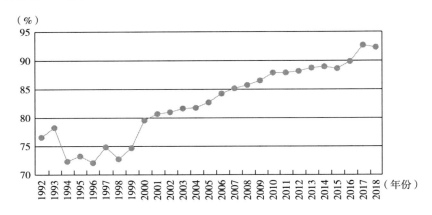

图 3 – 3　吉林省非农产业发展水平

资料来源：依据布瑞克农业数据库相关数据计算。

3.3.2　城镇化水平

由于受农业资源禀赋有限性的制约，农户收入的增量更多地来自于农业外部产业，需要依靠增加非农就业来增加农民的工资性收入，那么城镇就为农民就业提供了一个立足之地。工业化发展带来更多的就业岗位，必然导致城镇化水平的提高；城镇化水平越高，对农民工资性收入的影响越大。随着我国经济社会的高速发展，农业机械化水平不断提高。作为互补性生产要素，机械对于劳动的替代程度的提高，产生大量农村剩余劳动力。出于对收入最大化的追求，农村剩余劳动力进入城镇从事二三产业，城镇人口规模扩大，导致城镇基础设施和服务业的进一步发展，城镇用工需求增加，农村剩余劳动力转移到城镇，非农业收入增长。农村剩余劳动力不断转移，农村剩余劳动力减少，导致劳动力供求关系变化，劳动力成本上升，农民工资水平提高。另一方面，城镇规模扩大和人口增长，需要更多的农副产品，从而带动农产品生产、加工、销售等产业的发展，促进农民增产增收。1992 年，吉林省城镇化率是 39.80%，而全国是 27.63%，高于全国 12.17%，2015 年吉林省城镇化率仅比 1992 年上升了 8.62%，为 48.42%，而同期全国城镇化水平上升了 28.47%，是 1992 年的两倍多，达到 56.10%。2018 年，吉林省城镇化率为 57.53%；全国城镇化率为 59.58%。吉林省城镇化率从市场化经济改革前高于全国平均水平，而 1992 年市场化经济改革之后迅速落后于全国平均水平，可以看出吉林省的城镇化起点高，发展速度却极度缓慢。这是由于计划经济时代经济布局的结果。经济体制改革以后，国有企业因缺乏市场活力而纷纷倒闭，就业岗位大幅度减少。而同期吉林省民营经济发展亦是非常缓慢，直到 2006 年，吉林省民营经济才有明显发展。城镇化水平高低是工业化水平高低的一个重要体现，工业化水平低必然导致城镇化水平低，城镇化发展速度缓慢无法完全解决转移的农村劳动力住房、医疗及子女教育等问题，进而阻碍工资性收入增长。

3.3.3　农村劳动力素质

农村劳动力素质主要是指农村劳动力的文化水平。人力资本理论指出蕴含在人身上的各种生产知识及劳动与管理的技能是人力资本的表现，而人力资本是经济增长和社会进步的决定性因素。从长远看来，只有大力发展教育才能保证农村经济的发展和农民增产增收的长期稳定发展。城镇居民相对于农村居民来讲，拥有优质的教育资源，如相对比较完善的教学基础设施、精锐的师资力量等。而在广大农村地区，农民受教育程度普遍偏低，主要以小学和初中文化为主，多数地区还有许多文盲和半文盲。从农村劳动力受教育情况来看（图 3 - 4），1996 ~ 2018 年吉林省农村人口中大专及以上的人数占 6 岁及以上人数的比重由 0.49% 上升到 2.79%，高中人数占比由 5.36% 上升到 8.01%，两者占比一直较小；初中人数占 6 岁及以上人数的比重由 34.66% 上升到 46.28%，小学占比由 47.51% 下降到 37.62%，两者占比一直较大；文盲人数占 6 岁及以上人数的比重由 11.99% 下降到 5.32%。从农民继续教育情况来看（图 3 - 5），1995 ~ 2015 年吉林省成人教育中农民大学毕业生数由 966 人下降到 625 人，

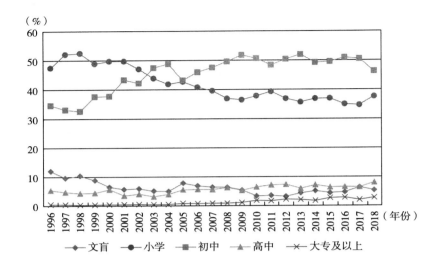

图 3 - 4   1996～2018 年吉林省农村人口 6 岁及以上人数文化程度的占比情况

资料来源:《中国人口和就业年鉴》(1997～2019 年)。

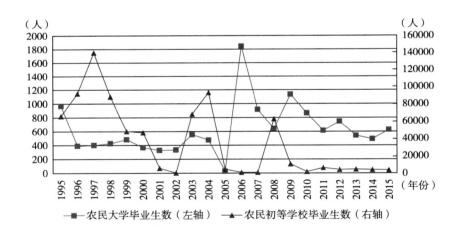

图 3 - 5   1995～2015 年吉林省农民继续教育情况

资料来源:《吉林统计年鉴》(1996～2016 年)。

农民初等教育毕业生数由 65812 人下降到 3722 人,两者波动程度均较大,且 2009 年以后波动趋缓,但是成人教育的毕业生人数总体呈下降趋势。据调查,

292 户农民中，拥有高中文化水平的农民有 29 人，占 9.99%，初中文化水平的农民有 150 人，占 51.37%，小学文化水平的农民有 106 人，占 36.30%，未接受教育的农民有 7 人，占 2.40%。可见，农村劳动力的文化水平及继续教育水平普遍较低且不稳定，这样农民外出从业渠道受到限制，长期制约着农民工资性收入的增长。

3.4　财产性收入的影响因素分析

3.4.1　农民家庭可出租性资产拥有量

目前来看，农民的财产性收入主要来自以下几个方面：利息净收入、红利收入、储蓄性保险净收益、转让承包土地经营权租金净收入、出租房屋财产性收入、出租机械专利版权等资产的收入、其他财产净收入。

农民家庭可出租性资产主要包括房屋和机械，农民通过出租房屋和出租机械获得财产性收入。随着农业耕种收综合机械化水平的提高，农民机械拥有量增加（见图 3 - 6），1992 ~ 2018 年吉林省农民农业机械拥有量大幅度增加（2018 年因统计标准发生变化，大中型拖拉机和小型拖拉机的数量变化趋势发生了改变）。其中，大中型拖拉机和小型拖拉机拥有量迅速增加，分别由 1992 年的 3.75 万台上升到 2018 年的 90.15 万台（2017 年为 61.81 万台）和由 1992 年的 19.96 万台上升到 2018 年的 31.59 万台（2017 年为 58.53 万台）。2006 年以后，吉林省农民联合收割机拥有量迅速增加，由 2007 年的 0.3 万台增加到 2018 年的 9.11 万台。1992 ~ 2018 年吉林省农民脱粒机拥有量由 10.76 万台增加到 15.93 万台。

微观调查数据显示，在调查的 292 户农民中，拥有拖拉机的农户数量为 209 户，占比为 71%。受访农户拥有的拖拉机多为中小型拖拉机，相当于一项

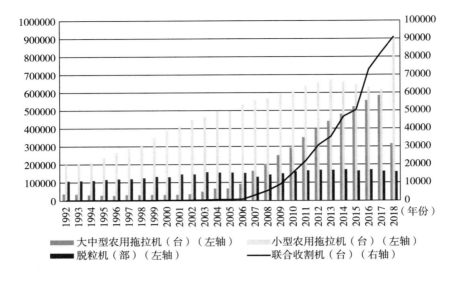

图 3 - 6 1992 ~ 2018 年吉林省农业主要机械拥有量

资料来源:《吉林统计年鉴》(1993 ~ 2019 年)。

固定资产。一方面,农民不用租赁机械付出耕种费用,间接增加了农民收入;另一方面,农户可将拖拉机出租或提供耕种服务,直接获取一定的收入。实际调研中,农民收割机和脱粒机拥有量相对较少,仅占 19% 。此类拥有收割机和脱粒机的农民通过出租机械,能够获得一部分财产性收入。调查数据显示,农民出租机械获得的收入约占其财产性收入的 8.61% 。对于农民出租房屋获取财产性收入来说,不同的地区,有较大差异,如住在城边的农民可以出租房屋获取租金收入,但是吉林省大部分农村离城镇距离较远,出租房屋获取财产性收入较少。2016 年至 2018 年吉林省农民人均获得出租房屋收入分别为 5.25 元、12.59 元和 4.63 元,占当年财产性收入比重分别是 2.27% 、4.36% 和 1.8% 。农民家庭可出租性资产拥有量越多,越有利于增加农民的财产性收入。

3.4.2 地租水平

2004 年中央一号文件提出深化农村土地制度改革,鼓励有条件的农户流转承包土地的经营权。在国家政策的号召下，土地承包经营权流转日趋普遍。土地作为农户的生产性资产，转让土地承包经营权收取的土地租金，可作为农户的财产性收入。2004 年吉林省农民人均获取转让土地承包经营权租金收入为 6.57 元，2015 年上升到 146.70 元，2018 年进一步增加至 195.30 元，15 年增加了 188.73 元，每年租金平均增加约 12.58 元。土地租金收入占财产性收入的比重也由 2004 年的 8.08% 上升到 2015 年的 73.86% 和 2018 年的76.13%，15 年增长了 68.05%。土地的租金水平受到土地市场供求关系的影响，但归根结底是受农产品市场价格变动的影响。吉林省普遍种植的粮食作物为玉米，玉米价格的变化则受国家宏观政策影响较大。2008 年，国家出台玉米临时收储政策，玉米价格为国家公布的玉米临时收储价格。随后政策实施的 8 年间，玉米临时收储价格不断上涨，从而引发了种植玉米土地租金的大幅度上涨。根据实地调查数据显示，2014～2015 年，吉林省中部地区玉米核心产区土地租金高达 9000～11000 元/公顷。2016 年开始，国家取消玉米临时收储政策，玉米临时收储价格也随之消失。转而实施"市场化收购＋补贴"的新机制，即玉米价格由市场供给与需求所决定，为种植玉米的农户发放生产者补贴。因前期玉米供给大于需求，库存较高。新政策实施后，玉米市场价格下降，进而引进了土地租金大幅度下降。依据 292 户农民的抽样调查数据，有土地流转情况的农民占 69%，2016 年在玉米临时收储政策取消后，土地租金也开始明显下降，降到了 5500 元/公顷左右，这也意味着土地流出的农民来自土地出租的财产性收入下降。

3.5　转移性收入的影响因素分析

3.5.1　政府的财政支农支出

公共财政理论和实践表明，财政支农政策对农业发展有重大意义。对农民而言，政府加大对农业的投资就表示直接增加了对农业的投入，进而促进农民增收。主要表现在国家对农业的公共物品支出和对农户的直接补贴两个方面：一是作为公共物品的支出，包括各种农业基本建设的支出以及提供的各种公共服务，以及对农民合作社的支持。1992～2018 年吉林省农林水公共财政支出由 5.82 亿元上升到 537.55 亿元。其中 2007～2015 年支出增长较快，2007 年为 80.07 亿元，2015 年上升到 537.55 亿元。其中，2018 年省级财政支出 46.17 亿元、地级财政支出 49.37 亿元、县级财政支出 357.56 亿元、乡镇级财政支出 84.45 亿元。二是对农户的直接补贴。2004 年起，为解决农民增收困难等问题，国家中央一号文件先后实施农民"三项补贴"，加上 2016 年开始实施的玉米生产者补贴均增加了农民的转移性收入，2004～2009 年，吉林省农民转移性收入保持了高速增长，连续 6 年高于农民纯收入的增长，对农民收入增长贡献率也有了大幅度提高。2016～2018 年，吉林省农户人均转移性收入分别为 2224.19 元、2480.35 元和 2639.65 元。根据微观调查数据，样本农户平均每公顷耕地得到的各种补贴（包括玉米生产者补贴）在 2400 元左右。所以说，财政支农支出为农民转移性收入的持续增长提供保障，进而提高农民收入。

3.5.2 农村社会保障体系

农村社会保障体系具体由农村社会救助、农村社会保险和农村社会福利三个方面构成。其中，农村社会保障制度中最重要的是农村社会保险，包括农村养老保险和农村医疗保险，采取由政府组织引导，社会统筹和个人账户相结合的制度模式。农村社会保障体系的不断完善有利于农民增产增收。目前吉林省农村的社会保险总体发展较快，但各险种发展不平衡问题比较突出，其中新型农村合作医疗和新型养老保险稳步推进，失业、工伤、生育保险的完善则比较缓慢。2006 年，国家提出建立新型农村合作医疗保险制度，2006～2008 年，吉林省用两年时间在全省实现了新农村合作医疗保险全覆盖，2004 年其所报销医疗费用占农民转移性收入的比重为0.08%，2015年上升到14.50%，上升了14.42%。2016～2018年，报销医疗费的转移性收入分别为180.73元/人、232.98元/人和194.28元/人，占当年转移性收入的比重分别为8.13%、9.39%和7.36%。2008年中央提出建立新型农村社会养老保险制度，吉林省农民人均获得的养老金占转移性收入的比重也由2003年的10.39%上升到2015年的24.66%，上升了14.27%。2016～2018年，养老金或离退休金的转移性收入分别为350.78元/人、416.30元/人和616.20元/人，占当年转移性收入的比重分别为15.17%、16.78%和23.34%。在社会福利方面，大部分农村中以各级政府为主导实施的农村社会福利项目基本没有，限制了农民转移性收入的增长。

第4章 吉林省农民收入影响因素实证分析

上一章从收入结构的视角，定性地分析了吉林省农民各收入来源的影响因素。本章将继续基于结构视角，定量地分析吉林省农民收入的影响因素，同时对农民收入滞后期及影响因素进行定量分析。先简要地探讨吉林省收入结构的成因，为下文影响因素的选择提供一定的基础。

4.1 农民收入影响因素分析

4.1.1 模型设计与数据来源

农民收入主要由家庭经营收入和工资性收入两部分构成，故本章重点关注这两项收入及其影响因素，通过实证分析以求验证"农民工资性收入是否与家庭经营收入存在矛盾"。选取的主要变量包括：农民家庭经营性收入（JS）、农民工资性收入（GS）、农业人口人均粮食产量（RC）、家庭经营性收入的利润率（JL）、农村劳动力教育程度（XL）、农民人均纯收入与城市在岗职工平均工资收入差距（CJ）和农村农用机械总动力（NJ）。其中，农业人口人均粮食产量是通过计算（粮食总产量/农业人口）得到的；家庭经营性收入利润率是通过计算[（家庭经营收入－家庭经营支出）/家庭经营支出]得到的；农村劳动力学历是通过计算（农村初中及以上人口/农村总人口）得到的；农民人均纯收入与城市在岗职工收入差距是通过计算（城市在岗职工人均工资水平/农村人均纯收入）得到的。模型的具体形式为：

$$JS = C + \beta_1 GS + \beta_2 RC + \beta_3 LJL + \beta_4 LXL + \beta_5 LCJ + \beta_6 LNJ + \mu$$

$$GS = C + \beta_7 JS + \beta_8 RC + \beta_9 LJL + \beta_{10} LXL + \beta_{11} LCJ + \beta_{12} LNJ + \mu \qquad (4-1)$$

其中 L 代表的是数据的对数形式。由于要考察工资收入对家庭经营收入的替代效应，所以这里将两个数据预设为水平对水平的形式；人均粮食产量由于单位价格的关系可以直接一对一的转化为收入，所以模型中将这两个数据也预设为水平对水平的形式；其他数据全部采用对数形式放到模型当中预设为曲线形式。

本章利用面板数据估计模型，选取了吉林省 4 市 13 个县、市、镇数据。分别是长春市（农安县、九台市、榆树市、德惠市、双阳区），吉林市（吉林市），四平市（公主岭市、双辽市、梨树县、伊通县）和延吉市（小营镇、依兰镇、三道湾镇）。长春市和吉林市为吉林省的经济聚集区，同时也具有较高的粮食生产能力。四平市在农业生产上具有较为明显的优势，农民具有较高的家庭经营性收入。延吉市外出务工人员较多，其农民的工资性收入占有较高的比例。具体的统计数据分别来自于《吉林统计年鉴》《长春统计年鉴》《吉林市社会经济统计年鉴》和《延吉统计年鉴》。

4.1.2　面板数据观察与个体效应检验

将数据按照面板数据的形式导入 STATA 15.0 软件当中，会看到数据的结构，包括数据年份的跨度，组间个体的个数，以及面板数据是否为平衡面板。不同县、市的农民家庭经营收入时间趋势不尽相同。其中，公主岭市、吉林市、梨树县、农安县、双辽市、伊通县有很强的上升趋势；德惠市、九台市、双阳区、榆树市的变化趋势相对平稳；而三道湾镇、小营镇、依兰镇却有向下的趋势。可以通过不同县市农民家庭经营收入的差异对农民家庭经营收入的变化进行分析。

对数据进行固定效应回归与混合的 OLS 回归进行对比，根据具有 Wald 检验思想的 F 统计量可以判断出数据是否存在个体效应和时间效应。利用 Eviews 8.0 软件做固定效应模型，模型的输出结果如表 4 - 1 所示：

表 4 - 1　效应检验

Effects Test	Statistic	d. f.	Prob.
Cross - section F	8.003001	(12, 90)	0.0000
Cross - section Chi - square	84.957280	12	0.0000
Period F	12.192243	(8, 90)	0.0000
Period Chi - square	85.898067	8	0.0000
Cross - Section/Period F	10.384148	(20, 90)	0.0000
Cross - Section/Period Chi - square	139.957663	20	0.0000

从检验结果可以看出：在混合 OLS 回归的误差中存在个体效应。三个 F 检验的 p 值均为 0.0000，故可以强烈拒绝三个原假设 H_0^1： $\sigma_\mu^2 = 0$、 H_0^2： $\sigma_\lambda^2 = 0$ 和 H_0^3： $\sigma_\mu^2 = \sigma_\lambda^2 = 0$ 不成立，即认为 FE 优于混合回归，应该允许每个个体拥有自己的截距项。在这种情况下，做面板数据的固定效应模型或是随机效应模型是比较稳妥的做法。由于时间效应也十分显著，所以在模型当中应该加入时间的虚拟变量。

4.1.3　固定效应和随机效应的 Hausman 检验

上一节已经证明模型当中应该存在个体效应，通过 Hausman 检验固定效应模型与随机效应模型的估计值，观察差别大小。结果如下：

从表 4 - 2 中第一行的 p 值 0.0000 可以看出，检验结果是拒绝原假设，故应该使用固定效应模型。虽然传统的 Hausman 检验结果倾向于固定效应模型，但是原构想的联立方程是假设工资性收入为内生的，也就是说误差项中存在异方差，在这种情况下 μ_i 与 ε_{it} 都不一定是独立同分布的，因此传统 Hausman 检验的效力不大。

表 4 – 2　Hausman 随机效应检验

Test Summary	Chi – Sq. Statistic	Chi – Sq. D. f	Prob.
Cross – section random	39. 729293	6	0. 0000
Cross – section random effects test comparisons:			
Variable	Fixed	Random	Var（Diff.）	Prob
GS	– 1. 590972	– 1. 245488	0. 010093	0. 0006
RC	0. 014983	0. 205950	0. 022234	0. 2003
LJL	– 0. 174049	– 0. 178757	0. 013961	0. 9682
LXL	0. 040257	0. 467742	0. 110421	0. 1983
CJ	– 0. 659707	– 0. 335375	0. 021305	0. 0263
NJ	0. 007077	0. 003089	0. 000016	0. 3187

4.1.4　工资性收入的内生性

从经济学的角度分析，当农民获得足够多的工资性收入，就会对劳动与资金投入的机会成本重新测算，对比劳动时间和资金投入家庭经营收入还是工资收入的利润率有何不同。这个时候，工资性收入的增长会对家庭经营性收入产生替代效应，家庭经营性收入会相对减少。相对减少可以理解为如果把节省下来的劳动时间和资金投入到家庭经营当中，家庭经营性收入就会增长，假设可增长 1000 元，但是由于把一部分时间用在外出打工上，导致家庭经营时间减少，故家庭经营性收入减少小于 1000 元。下面通过数据来分析工资性收入的内生性。首先以家庭经营性收入为被解释变量，工资性收入等为解释变量做回归分析，观察其对家庭经营性收入的影响，结果如表 4 – 3 所示：

表 4 – 3　估计系数表

Variable	OLS	FE_robust	FE_TW	RE_robust	BE
GS	– 0. 62757648	– 0. 87427464	– 1. 5018575	– 0. 62757648	– 0. 24742001
	（0. 0002）	（0. 0050）	（0. 0000）	（0. 0000）	（0. 5406）

Variable	OLS	FE_robust	FE_TW	RE_robust	BE
RC	0.82881373	0.67901153	0.08053364	0.82881373	0.45599316
	（0.0000）	（0.0038）	（0.6706）	（0.0001）	（0.1454）
LJL	−0.98280904	−0.31982689	−0.06621756	−0.98280904	−1.5051683
	（0.0001）	（0.3710）	（0.8736）	（0.0236）	（0.0773）
LXL	1.6829157	1.2425311	0.08437706	1.6829157	−0.84667595
	（0.0407）	（0.0736）	（0.7377）	（0.0267）	（0.6039）
LCJ	0.54680946	0.99944192	−1.3530159	0.54680946	0.10887265
	（0.1175）	（0.3584）	（0.0623）	（0.1728）	（0.8597）
LNJ	0.16610884	2.2690638	0.26344813	0.16610884	0.22734001
	（0.0579）	（0.0022）	（0.7221）	（0.0034）	（0.0570）
_cons	−4.7302269	−9.6406442	4.1719823	−4.7302269	6.8104241
	（0.1682）	（0.0181）	（0.1075）	（0.1618）	（0.3297）

上表为混合估计（OLS）、稳健固定效应（FE_robust）、双因素固定效应（FE_TW）、稳健随机效应（RE_robust）和组间估计量（BE）的系数估计值及其显著性水平列表。因为 MLE 估计值与稳健随机估计值相同，所以表中没有包含 MLE 估计值。从表中可以看出，不同估计法所得到的系数估计值差别较大。其中混合 OLS 估计值与随机效应估计值系数相同，只有标准稍有差异。从括号内的显著性水平来看，工资性收入的显著性除了在 BE（组间估计量）中不显著以外，其余都非常显著，故可以肯定工资性收入对家庭经营性收入有影响。其中人均粮食产量（RC）、家庭经营收入利润率（LJL）、农村劳动力学历（LXL）和农用机械总动力（LNJ）都有不同程度的显著性，现在还不能确定其系数的正确性，所以保留这些解释变量，农民与在岗职工收入差距（LCJ）在所有方法中的 p 值都大于 0.05，所以将 LCJ 从家庭经营性收入的影响因素中剔除，如果 LCJ 是工资性收入的影响因素的话，那么 LCJ 将是工资性收入很好的工具变量。下面以工资性收入（GS）为被解释变量，以家庭经营性收入（JS）等为解释变量做回归，观察工资性收入的

影响因素。回归结果如表 4-4 所示:

表 4-4 估计系数表

Variable	OLS	FE_robust	FE_TW	RE_robust	BE
JS	-0.16293254	-0.20508468	-0.32113454	-0.16293254	-0.26477135
	(0.0005)	(0.0077)	(0.0000)	(0.0026)	(0.5406)
RC	-0.10374923	-0.02180515	-0.16083564	-0.10374923	-0.14854078
	(0.3746)	(0.8163)	(0.0615)	(0.3905)	(0.6739)
LJL	-0.97938697	-0.76515669	-0.33520968	-0.97938697	-1.2727354
	(0.0000)	(0.0026)	(0.0594)	(0.0000)	(0.1707)
LXL	2.3772159	1.5069123	0.42519982	2.3772159	2.423146
	(0.0000)	(0.0730)	(0.1740)	(0.0356)	(0.1133)
LCJ	-0.53580293	-1.2138158	-1.6579871	-0.53580293	0.13305566
	(0.0347)	(0.0645)	(0.0055)	(0.2343)	(0.8345)
LNJ	0.11619661	1.2027874	0.114662	0.11619661	0.11470231
	(0.1060)	(0.0062)	(0.7299)	(0.1388)	(0.4133)
_cons	-7.3569262	-6.11683	1.8729034	-7.3569262	-7.8438668
	(0.0000)	(0.0967)	(0.3518)	(0.1066)	(0.2724)

上表为以工资性收入为被解释变量多种方法得出的系数估计值和显著性水平列表。由表中可以看出家庭经营性收入除了在 BE(组间估计量)的方法内不显著外,其他估计方法都非常显著,所以可以推断家庭经营性收入对工资性收入有影响,从表 4-3、表 4-4 可以看出,联立方程成立,可以做进一步分析。其中家庭经营利润率(LJL)、农村劳动力学历(LXL)、农民与在岗职工收入差距(LCJ)和农机总动力(LNJ)均在不同显著性水平上对工资性收入有影响。农民人均粮食产量(RC)无论在哪个方法当中都不显著,p 值均低于 0.05,可以将农民人均粮食产量(RC)从工资性收入的影响因素中剔除,人均粮食产量会影响农民家庭经营性收入的多少,所以可以把人均粮食产量当作家庭经营性收入的有效工具变量。

从以上的结果可以看出收入差距的对数值对农民工资性收入的数量有重大影响，且为负值。这可以解释为：收入差距每减少1%，农民的工资性收入就会增加1元左右。表面看这样有些不合逻辑，通过以收入差距为被解释变量，以工资性收入以及一些背景变量作为解释变量重新进行回归，可以清晰地发现结果相同。回归结果显示工资性收入的系数为 － 0. 220006，稳健标准差为0. 0247048，相应的 p 值为 0. 0000。这一回归结果相对比较符合实际情况，正好证明了农民外出务工的正确性。从收入的角度来说，农民进城务工获得的是工资性收入，农民进城务工的时间与工资性收入成正比，故农民进城务工时间越长，其与城市居民的收入差距就越小。从统计上说农民每增加1 千元工资性收入，那么其所获得的总收入与城市在岗职工的平均工资的差距就会缩小0. 22%。如此看来，增加农民工资性收入更能缩小城乡收入差距。

4.1.5 三阶段系统估计法

使用单方程估计法时，由于忽略了各方程扰动项之间的联系，故不如将所有方程作为一个整体进行估计。最常见的系统估计法是"三阶段最小二乘法"（简记为3SLS）。对于一个多方程系统，对每个方程进行 2SLS 估计是一致的，但不是最有效率的，因为单一方程 2SLS 忽略了不同方程扰动项之间可能存在的相关性。此时，用 3SLS 对整个联立方程系统同时进行估计是有效率的。分别用 2SLS 和 3SLS 对数据进行回归，统计结果汇总如表 4 － 5 所示：

表 4 － 5   2SLS － 3SLS 估计系数表

Variable	FE2SLS	RE2SLS	EC2SLS	W_Three_SLS	B_Three_SLS
JS					
GS	－ 0. 92934743	－ 0. 47429414	－ 0. 77234545	－ 0. 7250308	0. 32207866
	(0. 0000)	(0. 1391)	(0. 0004)	(0. 0004)	(0. 6073)
LJL	0. 28096433	0. 27691983	0. 07934887	0. 39052218	0. 29820142
	(0. 2478)	(0. 3584)	(0. 7473)	(0. 0850)	(0. 5689)

续表

Variable	FE2SLS	RE2SLS	EC2SLS	W_Three_SLS	B_Three_SLS
LXL	− 0. 35587307	− 0. 58467241	− 0. 09554305	− 0. 51240992	− 1. 724027
	(0. 6235)	(0. 5012)	(0. 8969)	(0. 4722)	(0. 2654)
LNJ	0. 23020604	0. 03483463	0. 03544759	0. 25681185	0. 06913112
	(0. 5824)	(0. 7327)	(0. 7086)	(0. 5281)	(0. 3527)
RC	0. 28699687	0. 62173555	0. 5076313	0. 41772704	0. 93657011
	(0. 2086)	(0. 0042)	(0. 0065)	(0. 0255)	(0. 0004)
_cons	3. 5824041	4. 3969296	2. 842526	2. 087e − 09	5. 315e − 09
	(0. 2619)	(0. 2010)	(0. 3464)	(1. 0000)	(1. 0000)
GS					
JS	− 0. 5796522	− 0. 62614115	− 0. 55950111	− 0. 50167607	− 0. 60594992
	(0. 0020)	(0. 0000)	(0. 0000)	(0. 0000)	(0. 0000)
LJL	− 0. 11688125	− 0. 12941284	− 0. 18065914	− 0. 17646663	− 0. 48227227
	(0. 5915)	(0. 3909)	(0. 1483)	(0. 2113)	(0. 0004)
LXL3	0. 14845026	0. 40814519	0. 53352103	0. 26848145	1. 4035303
	(0. 7351)	(0. 3553)	(0. 1585)	(0. 4385)	(0. 0009)
LNJ3	0. 16022435	0. 03727358	0. 0197549	0. 15310269	0. 10608379
	(0. 4988)	(0. 5814)	(0. 7362)	(0. 4261)	(0. 0152)
LCJ3	− 1. 0901966	− 0. 93437248	− 0. 97389355	− 1. 4664782	− 0. 70616129
	(0. 0305)	(0. 0001)	(0. 0000)	(0. 0000)	(0. 0004)
_cons	2. 5516028	1. 7928183	1. 2121124	1. 313e − 09	6. 490e − 10
	(0. 1804)	(0. 3669)	(0. 4744)	(1. 0000)	(1. 0000)

从上表可以看出固定效应工具变量估计法（FE2SLS）、两种随机效应工具变量估计法（RE2SLS、EC2SLS）和组内三阶段最小二乘法（W_Three_SLS）的估计结果比较相近，组间三阶段最小二乘法（B_Three_SLS）的估计值变动比较大，所以在前四种方法中选择最终结果，由于 EC2SLS 的效率要高于 RE2SLS，所以先进行 EC2SLS 和 FE2SLS 之间的选择。通过 FE2SLS 和 EC2SLS 差的 Hausman 检验进行选择，结果如下：

对于以家庭经营为被解释变量（JS）的数据，Hausman 统计量的值为

9.54，对应于 χ^2（13），是不显著的，并且 p 值是 0.7313。这不能拒绝 EC2SLS 是一致估计的零假设。对于以工资性收入为被解释变量（GS）的数据，Hausman 统计量的值为 14.13，对应于 χ^2（13），是不显著的，p 值为 0.3647，也大于 0.05，所以也不能拒绝 EC2SLS 是一致估计的零假设。在这种情况下，EC2SLS 是最有效率的，所以在两者之间，选择随机效应工具变量估计法（EC2SLS）的估计结果，如表 4 - 6 所示：

表 4 - 6　固定效应二阶段和随机效应二阶段的 Hausman 检验

	Test：Ho：difference in coefficients not systematic
JS	
	chi2（13）＝（b－B）′［（V_b－V_B）^（－1）］（b－B）＝9.54
	Prob＞chi2＝0.7313
GS	
	chi2（13）＝（b－B）′［（V_b－V_B）^（－1）］（b－B）＝14.13
	Prob＞chi2＝0.3647

由于随机效应工具变量估计法（EC2SLS）和组内三阶段最小二乘法（W_Three_SLS）的估计结果非常接近，所以用两者之中的任何一个对社会现象进行解释都可以。两者的区别在于，是否考虑各方程间扰动项的相关性，如果不考虑每个方程的扰动项相关性，就选择随机效应工具变量估计法（EC2SLS）；如果考虑每个方程的扰动项相关性，就选择组内三阶段最小二乘法（W_Three_SLS）的估计结果。读者可以自行选择，下面笔者选择组内三阶段最小二乘法（W_Three_SLS）对问题进行说明。

4.2　农民收入影响因素实证结果分析

从组内三阶段最小二乘法（W_Three_SLS）的估计结果可以看出农民工资

性收入和家庭经营性收入之间是相互影响的。系数表示：农民每增加 1 元工资性收入，家庭经营性收入就会下降 0.7250 元；家庭经营性收入每增加 1 元，工资性收入就会下降 0.5016 元，两者是相互影响的。从两者的替代系数都小于 1 可以看出，在有机会提高收入的情况下，单方面增加哪种收入的投资都会带来总收入增加的结果。这正好符合分工的假设，单方面投资两方面事物中的任何一件，不断增加投入，都会得到比现在更高的收入，专业比兼业更具有效率。在很难增加家庭经营性收入的情况下，农民选择务工是正确的。有能力的劳动者都会在农闲的时候出去找一些挣钱的工作，增加家里的收入，提高生活质量。从数据的统计结果看，农民务工浪潮是必然结果。但是也有两个原因制约农民离开土地：①只有当工资性收入有质的提高，大大超过家庭经营性收入并且可以弥补失地损失的时候，那么农民会考虑转变身份，全身心地投入城市当中，开始成为以工资性收入为主要收入来源的城市人；②工资性收入的稳定性也成为制约农民转变身份的风险因素，这个风险的影响有时会被农民想象得很大，只有等到工资性收入占据绝对优势并且比较稳定时，农民有可能放弃他们赖以生存的土地，到别处去生活。短期内，农民工资性收入和家庭经营性收入的差值很难满足以上两个条件，并且很不稳定。因而农民工增加工资性收入也受到了影响。

4.2.1 农民工资性收入的影响因素分析

从农民工资性收入的影响因素看：家庭经营性收入利润率（LJL）、农村劳动力学历（LXL）和农用机械总动力（LNJ）三个因素对工资性收入的影响都不显著。说明这些隐性的影响因素对工资收入的影响还不明显。

家庭经营性收入利润率（LJL）对工资性收入没有影响。家庭经营收益率虽然在不断下降，但这收益率的高低有很大程度在于土地和家畜的自然能力，农民只是减少劳动时间的投入，在减少劳动不影响自然生长能力的情况下，无论收益率的高低，农民都会选择外出打工。

农民的学历（LXL）对工资性收入的影响不显著，农民工更多地依靠体力和技术，学历并不起主导作用。从农村走出来的农民工大多在工厂、建筑业、服务业工作，这些岗位对技术的要求不高，都是可以现学现会的东西，大家都是从零开始的，只是有的学历高的劳动者学得比较快而已。并且学历高的人有些不愿意干纯体力的工作。但是非纯体力的工作也不一定比干纯体力工作的人挣得钱多，因为干体力工作的人有些可以从早干到晚，单位时间内挣得钱少，可是工作时间加长，最终导致两者的年工资收入不相上下，农民工的努力程度是有目共睹的。

农机总动力（LNJ）对工资性收入的影响还没有凸显出来。因为受农民不会轻易放弃土地这一因素的影响，农用机械的大范围有效使用还没有普及。农用机械替代劳动力的必要性还没有凸显，在这种情况下，农用机械的多少对外出务工影响不大，毕竟农忙时请几个帮工，要比买台机械长时间用不上划算得多。

农民人均年纯收入与城市在岗职工的收入差距（LCJ）对工资性收入影响显著性水平很高，无论是上述哪种方法，p 值都接近于 0，这也从另一个角度反映了农民外出务工的动因："只有外出务工，增加工资性收入，才能缩小与城市人的收入差距。"农民在这一问题上已逐步达成共识。农民工资性收入越高，与城市人的收入差距会越少，这一点在上文单独做的回归分析中，已经得出了粗略的数据。数据显示，农民工资性收入每增长 1000 元，收入差距会减少 0.22%。这可以在两方面得到印证：①在不耽误农业生产，家庭经营性收入变化不大的情况下，外出务工可以增加农民总收入。②农民外出务工的时间与农民的收入呈正向增长关系。

4.2.2 农民家庭经营性收入的影响因素分析

从农民家庭经营性收入的影响因素看：家庭经营性收入利润率（LJL）、农村劳动力学历（LXL）和农用机械总动力（LNJ）三个因素对工资性收入的影响也都不显著。

家庭经营性收入利润率（LJL）的高低对家庭经营性收入的影响不显著。随着人们生活水平的提高和医疗卫生条件的改善，人口的死亡率大大降低，而农村人口出生率高于人口死亡率，农村劳动力增加，在农业生产领域人口过剩。人多地少，很多没有多少土地的农村劳动力几乎都处于半失业的状态，专门用来从事家庭经营的劳动时间很少。通过对土地资源和劳动资料的竞争，导致土地和生产资料愈加抢手，两者的价格都在不断攀升，导致家庭经营生产的成本不断加大。在粮食价格没有随着这些生产要素的价格提高时，大农业的利润率是在不断下降的。在市场机制和理性经济人的假设下，农民应该转行，但是前文已经解释了，抑制转行的原因是因为带来的影响实在太大，导致农民无法离开土地，这样长时间下来，农民也只好容忍不断下降的家庭经营利润率，在从事农业生产的同时进行兼业非农业生产，在家庭经营收入下降不大的情况下尽可能多地增加工资性收入，从而增加家庭总收入。在家庭经营利润率不断下降的情况下，农民又没有顺应市场的调节作用及时地转移外出，因而这种状况就会不断持续下去。但是如果放任这种局面，使利润率下降到一个很低的水平，靠农业已经无法温饱的时候，农民就会离开土地，另寻他路，这时的"弃荒"现象就会出现。但如果农村劳动力转移量过大的话，城市暂时不能提供相应的就业岗位，城市劳动力就会过度饱和，出现大量失业问题。因为劳动力的增加，也在无形中降低了城市人口劳动资本的利润率，城市人口的平均工资就会降低。这样下去，城市中技术含量低的工作的平均工资水平会和农业很低的家庭经营利润水平逐渐接近，高技术含量行业的平均工资也会随着低技术行业竞争压力的加大、低技术人才的不断向上跃迁而不断下降。这时，城市人口的平均购买力是不断下降的，城市低水平家庭的生活也会受到冲击，生活也会愈加困难。为避免这一现象的发生，从根本上讲，就是要减少农业人口，这样农业的竞争压力才不会那么大。

农村劳动力学历（LXL）对家庭经营收入的影响不显著。因为毕竟大农业是子承父业的工作，农民的农业技能也主要是从父辈们那里学习来的，学历相对于经验而言，在农业上影响就不那么巨大了。学历对农民是不重要的，但是专业技能更新还是要普及的，因为农民对能导致生产率提高的技术还是很敏感的，但凡是能够增加农业收入，各类专业技能农民都会学习。如果把农业比作学校，那农民都是老师级别的，因为没有什么人比他们更全面地懂得农业的专项技能。

农用机械总动力（LNJ）对家庭经营性收入的影响也没有凸显出来。虽然农用机械可以减少劳动时间，但是面对人多地少的局面，农机的优势就没法很好地发挥出来了，对家庭经营收入的影响也就不明显了。

从组内三阶段最小二乘法（W_Three_SLS）人均粮食产量的估计结果可以看出：在吉林省，农业人口人均粮食产量对农民家庭经营收入的影响是很显著的。农民人均粮食产量每增加 1 吨，农民家庭经营性收入会增加 417.73 元。所以增加农业人口人均粮食产量，可以有效地增加农民家庭经营性收入。农业人口人均粮食产量的提高，可以从两方面入手：一是增加粮食总产量，二是减少农业人口。从这两方面入手都会达到增加农民家庭经营性收入的目的。

自此，对组内三阶段最小二乘法（W_Three_SLS）的所有估计结果进行了分析：在假设静态面板数据的情况下，得出农民家庭经营性收入和工资性收入是相互影响、人均粮食产量对家庭经营性收入的影响显著、农民与城市在岗职工收入差距对农民工资性收入的影响显著的三个结论。

4.3 农民收入滞后期影响因素分析

4.3.1 动态分析

在假设家庭经营性收入和工资性收入存在滞后影响的情况下，对两者的相互作用机理进行分析。面板数据的好处就是能够将数据的滞后期转换成有效的工具变量，然后生成有效的工具变量矩阵，对系数进行有效的估计，得出让人满意的结果。下面将在模型中加入家庭经营性收入（JS）和工资性收入（GS）的滞后一期，分析两者的动态影响。为稳妥起见，在模型中加入时间虚拟变量。分别将家庭经营性收入和工资性收入作为被解释变量，对数据使用差分 GMM 法与系统 GMM 法进行估计，观察得出的系数估计值，以发现家庭经营性收入和工资性收入的相互影响过程，如表 4 - 7 所示。

表 4 - 7　差分 GMM 法与系统 GMM 法估计值列表

JS			GS		
Variable	DiffGMM	SYSGMM	Variable	DiffGMM	SYSGMM
JS			GS		
L1.	0.09684789	0.16536494	L1.	0.64239584	0.77504982
	（0.2029）	（0.0210）		（0.0000）	（0.0000）
GS			JS		
- -.	- 0.86783614	- 0.60306772	- -.	- 0.16969293	- 0.20219308
	（0.0000）	（0.0000）		（0.0000）	（0.0000）
L1.	- 0.5557617	- 0.64516986	L1.	0.08200461	0.06241801
	（0.0311）	（0.0000）		（0.0000）	（0.0278）
t	0.40043232	0.38466252	t	0.07523766	0.07306475
	（0.0000）	（0.0000）		（0.0000）	（0.0000）
_cons	4.6423685	4.280733	_cons	0.75120576	0.86275651
	（0.0000）	（0.0000）		（0.0000）	（0.0000）

表中 L1 为滞后一期。表分左右两侧，左侧为以农民家庭经营性收入（JS）为被解释变量得出的估计值，右侧为以农民工资性收入（GS）为被解释变量得出的估计值。括号内为估计系数的统计显著性。从表中可以看出，两种估计方法得出的估计值很接近。以系统 GMM 法的估计结果对家庭经营性收入与工资性收入的相互影响过程进行解释。

先对左侧以家庭经营性收入为被解释变量的估计值进行分析。家庭经营性收入的一阶滞后值（L1.JS）对现值的影响微弱，也就是说今年每增加1元家庭经营性收入，会为明年增加0.1653元的家庭经营性收入做铺垫。这是稳定积累的规模效应，原始积累虽然微弱，但是像滚雪球一样，资本的积累会逐渐形成巨大的规模，产生更大的规模效益。

工资性收入（GS）的现期影响显著。在当期内，每增加1元的工资性收入，家庭经营性收入就会下降0.6030元。工资性收入的当期影响上文已经分析，这里不再多说。

工资性收入的滞后一期（L1.GS）的估计系数很显著，结果表明：现期每增加1元工资性收入，那么下一期家庭经营性收入就会受到影响，下降0.6451元。这是思想上的转变，如果农民工资性收入很高，并且当期家庭经营性收入没有受到很大影响的情况下，他下一期就会在工资性收入方面增加更多的投入，以达到总收入增加的目的，那么他下一期的家庭经营性收入就会受到影响。这种影响是逐渐积累的，当农民把全部劳动时间和资本都放在工资性收入上的时候，家庭经营性收入的利润率就会下降得更低，这种影响的积累性是很可怕的。

现在对右侧以工资性收入为被解释变量的估计值进行分析。工资性收入的滞后期（L1.GS）的估计值非常显著，而且数值很大，系数达到0.7750，也就是说现期每增加1元的工资性收入，那么下一期的工资性收入就会增加0.7750元。这是一个很显著的积累过程，这可以从以下三方面加以解释：①当农民迈出第一步，走出农村来到城市，那么他们会对城市有个逐渐熟悉的过程，当他们逐渐了解了工作地的具体情况的时候，农民出门务工就会更容易。②在对就业很熟悉和不断积累技能的情况下，农民也可以要求更高的工资，农民工的身价也是逐渐攀升的。③随着与雇主的长期合作，农民工会得到更满意的工资。

家庭经营性收入（GS）的现期估计系数很小，只有0.2021，但是很显著。这是一个很小的影响，可以说农民工资性收入的多少受家庭经营性收入的影响不大。也就是说当期家庭经营性收入每增加 1 元，当期的工资性收入就会下降 0.2021 元。这很容易理解，家庭经营性收入比较稳定，留下家中的老弱病残劳动力再配合上动植物的自然生长，就可以得到很稳定而且不低的家庭经营性收入，所以家庭经营性收入对工资性收入的牵绊能力非常弱。

家庭经营性收入的滞后期（L1. GS）的估计系数竟然是正值，并且也很显著，这一点也不奇怪，并且非常合理。因为在兼业的情况下，上一期的家庭经营性收入越高，这一期农民会更加肆无忌惮的外出务工。农民对家庭经营投入劳动力的减少，反而家庭经营性收入在增加，更激发了农民外出务工的热情。从系数上看，上一期农民家庭经营性收入每增加 1 元，那么这一期农民工资性收入就会增加 0.0624 元。虽然数值很小，但是也不容忽视。

4.3.2 估计结果检验

为了证明以上结果，下面对两种方法进行检验。作为一致估计，GMM 法能够成立的前提是扰动项不存在自相关。原假设是"扰动项无自相关"。"扰动项的一阶差分"仍将存在一阶自相关，因为：

$$\text{Cov}(\Delta\varepsilon_{it}, \Delta\varepsilon_{i,t-1}) = \text{Cov}(\varepsilon_{it} - \varepsilon_{i,t-1}, \varepsilon_{i,t-1} - \varepsilon_{i,t-2}) = -\text{Cov}(\varepsilon_{i,t-1}, \varepsilon_{i,t-1}) \neq 0$$

$$(4-2)$$

但是扰动项的差分将不存在二阶或更高阶的自相关，即 $\text{Cov}(\Delta\varepsilon_{it}, \Delta\varepsilon_{i,t-k})$ $=0$，$k \geq 2$。为此可以通过检验扰动项的差分是否存在一阶与二阶自相关，来检验原假设。对差分 GMM 法与系统 GMM 法的检验结果如表 4-8 所示：

表 4-8 差分扰动项自相关检验

DiffGMM			SYSGMM		
JS			JS		
Order	z	Prob > z	Order	z	Prob > z
1	-2.8219	0.0048	1	-2.7784	0.0055
2	0.24244	0.8084	2	-0.06616	0.9473
GS			GS		

续表

DiffGMM			SYSGMM		
Order	z	Prob > z	Order	z	Prob > z
1	− 2. 4249	0. 0153	1	− 2. 3787	0. 0174
2	1. 3223	0. 1861	2	1. 059	0. 2896

从表中可以看出，对分别以家庭经营性收入和工资性收入作为被解释变量的四次估计都符合原假设。从差分扰动项一阶存在自相关、二阶不存在自相关就可以看出来。所以四次估计的估计值都是一致的。下面对所使用的工具变量的有效性进行检验。检验结果如表4－9所示：

表4－9 过度识别检验

DiffGMM	SYSGMM
JS	JS
chi2（38） = 11. 93975	chi2（51） = 12. 4134
Prob > chi2 = 1. 0000	Prob > chi2 = 1. 0000
GS	GS
chi2（38） = 12. 79159	chi2（51） = 12. 72472
Prob > chi2 = 1. 0000	Prob > chi2 = 1. 0000

从上表可以看出，四个显著性水平都是1，无法拒绝"所有工具变量均有效"的原假设。所有检验都通过了差分 GMM 法与系统 GMM 法的一致性和工具变量有效性，证明两种方法的估计结果可信。

第5章　吉林省农民收入结构
变动效应分析

农民收入结构的变化会影响农民行为的变化，首先表现在农民消费行为的变化，尤其是农村居民生活消费行为的变化。除此之外，农民收入结构变化与粮食生产行为和职业分化即非农就业之间，也存在着互动效应。农民粮食生产行为的变化表现在农民土地投入行为的变化。农民收入结构的变化会影响农民对农业生产劳动力投入机会成本的考虑，进而会影响农民对自身劳动时间的分配，同时，农民收入结构的变化也会影响农民对土地物质费用投入，最终，农民收入结构的变化会影响粮食生产效率的变化，进而影响粮食产量。农民收入结构的变化会引起农民对自身劳动时间、资金等资源的配置方式，进而会影响农业生产活动和非农业生产经营活动，进而对地区经济发展产生影响。

5.1　吉林省农民收入结构变动与农村居民消费

农村居民消费主要包括两个方面：一是生产消费；二是生活消费。农民收入主要包括四个方面：一是家庭经营收入；二是工资性收入；三是财产性收入；四是转移性收入。收入增加了，收入结构变化了，需求层次自然提高了，由物质需求逐渐追求精神享受，因而使农民的生产和生活消费均在增加。当前，扩大消费特别是扩大农村居民消费是实现经济快速增长目标的途径之一。

而农民消费多少还是要依靠农民的收入水平的高低，农民收入水平的高低又依赖农民收入结构的作用。一般情况下，消费是在一定收入水平下的行为，因而，农村居民消费的变化是在当期农民家庭收入的基础上发生的，但与此同时，上一期农民的家庭收入也同样会对农民消费产生影响。1991～2018年吉林省农村居民纯收入从748.33元增加至13748.17元，增长了18倍，年均增加10.95%。伴随着农村居民收入的增长，吉林省农村居民消费水平也在逐渐提升，2018年吉林省农村居民生活消费支出达到10826.24元，比1991年的648.41元增长了16.69倍，年平均递增10.58%，农民的生活消费水平得到了明显改善，如表5-1所示。

表5-1 吉林省农村居民人均收入和生活消费支出 单位：元

年份	收入	生活消费支出	生活消费支出增长幅度 （上一年=100）
1991	748.33	648.41	—
1992	807.41	643.13	-0.81%
1993	891.61	670.02	4.18%
1994	1271.63	853.73	27.42%
1995	1609.6	1494.62	75.07%
1996	2125.56	1513.19	1.24%
1997	2186.29	1623.83	7.31%
1998	2383.6	1471.46	-9.38%
1999	2260.6	1347.91	-8.40%
2000	2022.5	1553.35	15.24%
2001	2182.22	1661.69	6.97%
2002	2300.99	1680.2	1.11%
2003	2530.41	1815.57	8.06%
2004	2999.62	1971.21	8.57%
2005	3263.99	2305.98	16.98%
2006	3641.13	2700.66	17.12%
2007	4191.34	3065.44	13.51%

续表

年份	收入	生活消费支出	生活消费支出增长幅度 （上一年 = 100）
2008	4932.74	3443.24	12.32%
2009	5265.91	3902.9	13.35%
2010	6237.44	4147.36	6.26%
2011	7509.95	5305.75	27.93%
2012	8598	6186.2	16.59%
2013	9621.2	7379.7	19.29%
2014	10780.1	8139.82	10.30%
2015	11326.2	8783.31	7.91%
2016	12122.9	9521.43	8.40%
2017	12950.4	10279.4	7.96%
2018	13748.17	10826.24	5.32%

资料来源：《吉林统计年鉴》和布瑞克农业数据库。

　　研究农民收入结构对农村居民消费的作用，本节根据凯恩斯简单消费函数的表达方式，综合以往学者的分析，以农民家庭平均每人家庭经营收入（JT）、工资性收入（GZ）、财产性收入（CC）、转移性收入（ZY）为解释变量，农民家庭平均每人消费总支出（Y）为被解释变量，构造多元线性回归模型：

$$Y_t = C + \alpha_1 JT_t + \alpha_2 GZ_t + \alpha_3 CC_t + \alpha_4 ZY_t + \mu_t \qquad (5-1)$$

　　式中：Y_t 是第 t 年农民家庭人均生活消费总支出；JT_t 是第 t 年农民家庭平均每人家庭经营性收入，GZ_t 是第 t 年农民家庭平均每人工资性收入，CC_t 是第 t 年农民家庭平均每人财产性收入，ZY_t 是第 t 年农民平均每人转移性收入；α_1，α_2，α_3 和 α_4 分别表示解释变量的系数，C 为截距项，μ_t 为随机误差项，表示除了上述主要变量以外其他影响农民消费支出的因素。运用 2002 ~ 2018 年的相关统计数据，进行回归，回归结果如表 5 - 2 所示：

表5-2　吉林省农民收入结构对农民生活消费支出的影响（1）

Linear regression

Number of obs　=　17
F（4, 12）　=　3306.00
Prob > F　=　0.0000
R-squared　=　0.9983
Root MSE　=　153.24

y	Coef.	Robust Std. Err.	t	p > | t |	[95%　Conf. Interval]	
jt	0. 7415417	0. 0361438	20. 52	0. 000	0. 6627911	08202922
gz	0. 8820675	0. 1324932	6. 66	0. 000	0.5933895	1. 170745
zy	1. 02568	0. 1291747	7. 94	0. 000	0. 7442327	1. 307128
cc	− 0. 6485401	0. 3859355	− 1. 68	0. 119	− 1. 489421	0. 1923412
_cons	− 69. 56232	92. 73837	− 0. 75	0. 468	− 271. 6219	132. 4972

从回归结果可以看出，调整的 $R^2 = 0.9983$，意味着模型拟合得较好，并且 F 统计值远大于临界值，说明解释变量联合起来对被解释变量具有显著影响。农民家庭经营收入、工资性收入和转移性收入，对于农民生活性消费具有显著的正向影响。但财产性收入对农民生活性消费支出却有负向影响，虽然在统计学意义上该变量并不显著。为进一步观察农民消费结构对于农民生活性消费支出的影响弹性，对模型中的各变量取自然对数后，进行回归。结果如表5-3所示：

表5-3　吉林省农民收入结构对农民生活消费支出的影响（2）

Linear regression

Number of obs　=　17
F（4, 12）　=　1481.60
Prob > F　=　0.0000
R − squared　=　0.9962
Root MSE　=　0.04602

ly	Coef.	Robust Std. Err.	t	p > | t |	[95%　Conf. Interval]	
ljt	0. 5402361	0. 0571792	9. 45	0. 000	0. 4156533	0. 6648189

续表

ly	Coef.	Robust Std. Err.	t	p > | t |	[95%　Conf. Interval]	
lgz	0.3984153	0.0654983	6.08	0.000	0.2557067	0.5411239
lzy	0.0716402	0.0353687	2.03	0.066	− 0.0054216	0.1487021
lcc	− 0.0094721	0.0083576	− 1.13	0.279	− 0.0276816	0.0087375
_cons	0.7102089	0.2440805	2.91	0.013	0.1784032	1.242015

　　从回归结果可以看出，调整的 $R^2 = 0.9962$，意味着模型拟合得较好，并且 F 统计值远大于临界值，说明解释变量联合起来对被解释变量具有显著影响。农民家庭经营收入、工资性收入和转移性收入，对于农民生活性消费仍然具有显著的正向影响。影响程度最大的是家庭经营性收入，其次是工资性收入和转移性收入。农民平均每人家庭经营性收入增加1%，农民家庭平均每人生活消费总支出将增加0.54%；农民平均每人工资性收入增加1%，农民家庭平均每人生活消费总支出将增加0.40%；农民平均每人转移性收入增加1%，农民家庭平均每人生活消费总支出将增加0.07%。财产性收入对农民生活性消费支出仍然具有负向影响，且在统计学意义上并不显著。从另外一个角度分析，农民生活性消费支出除受当期收入影响外，上一期的收入也会对农户的当期消费支出产生影响。因此，将上述模型中的解释变量滞后一期后，对农民生活性消费支出进行回归。回归结果如表5－4所示：

表5－4　吉林省农民收入结构对农民生活消费支出的影响（3）

Dependent Variable：LY

Sample（adjusted）：2003 2018

Included observations：16 after adjustments

Variable	Coefficient	Std. Error	t – Statistic	Prob.
C	1.059882	0.294376	3.600438	0.0042
LJT（−1）	0.512651	0.088762	5.775593	0.0001
LGZ（−1）	0.387491	0.073488	5.272833	0.0003
LCC（−1）	0.006293	0.007139	0.881524	0.3969

Variable	Coefficient	Std. Error	t-Statistic	Prob.
LZY（−1）	0. 070690	0. 021483	3. 290468	0. 0072
R-squared	0. 998267	Mean dependent var		8. 468378
Adjusted R-squared	0. 997637	S. D. dependent var		0. 610688
S. E. of regression	0. 029688	Akaike info criterion		− 3. 945873
Sum squared resid	0. 009695	Schwarz criterion		− 3. 704439
Log likelihood	36. 56698	Hannan-Quinn criter.		− 3. 933510
F-statistic	1584. 049	Durbin-Watson stat		2. 330240
Prob（F-statistic）	0. 000000			

从这一组回归结果可以看出，调整的 $R^2 = 0.9982$，意味着模型拟合得较好，并且 F 统计值远大于临界值，说明解释变量联合起来对被解释变量具有显著影响。上一期农民家庭经营收入、工资性收入和转移性收入，对于当期农民生活性消费仍然具有显著的正向影响。上一期财产性收入对当期农民生活性消费支出的影响虽然在统计学意义上仍不显著，但对农民生活消费支出却产生了正向的影响。四类收入来源中，影响程度最大的仍然是上一期家庭经营性收入，其次是上一期工资性收入和上一期转移性收入，上一期财产性收入的影响最为微弱。对比当期各项收入对当期农民生活消费支出的影响，上一期各项收入对当期生活消费支出的影响程度略有减弱。如家庭经营性收入，当期的影响程度为 0.54%，上一期的影响程度为 0.51%。

进一步，从宏观统计数据来看，农村居民生活性消费支出包括食品、衣着、居住、生活用品与服务、交通和通信、文教娱乐、医疗保健及其他商品和服务等八大内容。那么农民四种收入来源是如何作用于农村居民的消费结构的，明晰两者之间的关系可以进一步厘清农村居民消费的变化内涵。本节以吉林省农村居民生活性消费支出中具有代表性的食品烟酒（SPYJ）、居住（JZ）、交通和通信（JTTX）、教育文化娱乐（JWY）、医疗保健（YLBJ）五类支出作为其消费结构的代理变量，运用 2000 ~ 2018 年《吉林统计年鉴》中的宏观资料，探讨农民四种收入来源与农村居民消费结构的关系。

吉林省农民人均生活性消费中，食品烟酒消费支出由 2000 年的 705.4 元增加到 2018 年的 3010.22 元，19 年增加了 4.28 倍；居住支出由 2000 年的 273.4 元增加到 2018 年的 1917.17 元，19 年增加了 7.01 倍；交通和通信支出由 2000 年的 85.3 元增加到 2018 年的 1770.53 元，19 年增加了 20.77 倍；教育文化娱乐支出由 2000 年的 171.8 元增加到 2018 年的 1411.03 元，19 年增加了 8.21 倍；医疗保健支出由 2000 年的 102.9 元增加到 2018 年的 1450.87 元，19 年增加了 14.1 倍，如表 5-5 所示。由此可以看出，上述五类吉林省农民消费结构中增长幅度最大的是交通和通信支出，其次是医疗保健支出、教育文化娱乐支出、居住支出、食品烟酒支出。2000～2018 年的交通和通信支出中，2011 年较上一年的增长幅度最大，达到了 53.07%；另有 5 个年份的增长幅度超过或接近 30%。在各年的医疗保健支出中，2012 年较 2011 年的增加幅度达到了 140.63%，其主要原因在于新型农村合作医疗的普遍推广和覆盖。以 2012 年为界线，2012 年之后的医疗保健支出相较于 2012 年之前，整体水平稍有下降。

表 5-5　吉林省农民人均生活消费支出结构（2000～2018 年）

单位：元，%

年份	食品烟酒		居住		交通和通信		教育文化娱乐		医疗保健	
	数值	增幅	数值	增幅	数值	增幅	数值	增幅	数值	增幅
2000	705.4	—	273.4	—	85.3	—	171.8		102.9	
2001	757.9	7.44	283.3	3.62	101	18.41	175.6	2.21	120.8	17.40
2002	740.8	-2.26	267.6	-5.54	132.4	31.09	182.1	3.70	132.3	9.52
2003	799.16	7.88	253.45	-5.29	173.82	31.28	221.7	21.75	153.75	16.21
2004	899	12.49	216.82	-14.45	214.97	23.68	237.34	7.05	161.16	4.82
2005	1003.22	11.59	256.66	18.38	284.86	32.51	261.09	10.01	193.57	20.11
2006	1082.28	7.88	343.97	34.02	295.99	3.91	346.79	32.82	256.28	32.40
2007	1240.93	14.66	399.11	16.03	337.46	14.01	339.77	-2.02	311.37	21.50
2008	1362.44	9.79	530.69	32.97	355.58	5.37	341.7	0.57	380.71	22.27
2009	1371.12	0.64	737.07	38.89	355.99	0.12	376.76	10.53	511.5	34.35
2010	1523.32	11.10	752.79	2.13	368.64	3.55	454.05	20.51	328.92	-35.70
2011	1872.09	22.90	951.93	26.45	564.26	53.07	456.75	0.59	349.29	6.19

年份	食品烟酒		居住		交通和通信		教育文化娱乐		医疗保健	
	数值	增幅	数值	增幅	数值	增幅	数值	增幅	数值	增幅
2012	2268.8	21.19	836.8	-12.09	699	23.88	606.3	32.74	840.5	140.63
2013	2438.5	7.48	1288.4	53.97	961.2	37.51	691.4	14.04	968.6	15.24
2014	2411.25	-1.12	1650.88	28.13	931.21	-3.12	1042.19	50.74	1008.05	4.07
2015	2550.8	5.79	1698.29	2.87	1203.56	29.25	1117.7	7.25	1058.1	4.97
2016	2721.87	6.71	1817.1	7.00	1334.49	10.88	1231.73	10.20	1230.49	16.29
2017	2903.16	6.66	1837.28	1.11	1530.97	14.72	1302.54	5.75	1399.57	13.74
2018	3010.22	3.69	1917.17	4.35	1770.53	15.65	1411.03	8.33	1450.87	3.67

资料来源:《吉林统计年鉴》(2001~2019 年)整理得到。

从各项消费支出占生活消费支出的比重来看,2000~2018 年,吉林省农民食品烟酒消费(SPYJ)占农民家庭生活消费总支出的比重大幅度下降,由 2000 年的 45.41% 下降到 2018 年的 27.80%;居住消费支出(JZ)所占比重和教育文化娱乐(JWY)消费支出所占比重变化不大;而农村居民交通和通信消费支出(JTTX)和医疗保健消费支出(YLBJ)所占的比重呈现上升的趋势,交通和通信消费支出(JTTX)所占比重由 2000 年的 5.49% 上升到 2018 年的 16.35%;医疗保健消费支出(YLBJ)所占比重由 2000 年的 6.62% 上升到 2018 年的 13.40%。可以观察到,吉林省农村居民食品消费支出的占比明显减小,符合恩格尔定律,即农民收入提高,农民会降低食品支出,增加精神方面的支出。由于农民在农闲时期,到城镇从事非农行业,加之手机等现代化通信设备的普及,使交通和通信消费支出增加,如图 5-1 所示。

具体研究农民四项收入来源对农民消费结构之间的影响程度,构造农村居民消费函数:

$$LY_{it} = C_i + \alpha_1 LJT_t + \alpha_2 LGZ_t + \alpha_3 LCC_t + \alpha_4 LZY_t + \mu_i \ (i = 1, 2, \cdots, 5; \ t = 2000, 2001, \cdots, 2018)$$

式中:LY_{it} 表示在第 t 年农村居民生活性消费第 i 项消费支出的自然对数,具体包括食品烟酒(SPYJ)、居住(JZ)、交通和通信(JTTX)、教育文化娱乐(JWY)、医疗保健(YLBJ)五项;LJT_t 表示第 t 年农民家庭平均每人工资

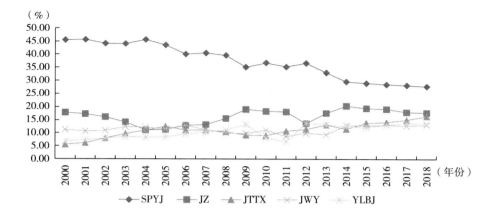

图 5 - 1　吉林省农民各项主要消费支出占生活消费支出比重

资料来源：根据《吉林统计年鉴》（2001～2019 年）整理得到。

性收入的自然对数，GZ_t 表示第 t 年农民家庭平均每人家庭经营收入的自然对数，CC_t 表示第 t 年农民家庭平均每人财产性收入的自然对数，ZY_t 表示第 t 年农民家庭平均每人转移性收入的自然对数，是解释变量；α_1、α_2、α_3、α_4 是模型的影响系数，C_i 为截距项，μ_i 为随机误差项。分别对食品烟酒（SPYJ）消费支出的自然对数、居住（JZ）消费支出的自然对数、交通和通信（JTTX）消费支出的自然对数、教育文化娱乐（JWY）消费支出的自然对数、医疗保健（YLBJ）消费支出的自然对数进行回归分析，得出各个模型的回归结果如表 5 - 6 所示：

表 5 - 6　吉林省农民四种收入来源对农民主要消费支出影响的回归结果

变量	食品烟酒 LSPYJ	居住 LJZ	交通和通信 LJTTX	教育文化娱乐 LJWY	医疗保健 LYLBJ
LJT	0. 409521 ***	0. 965597 **	0. 405365	0. 468947	0. 621981
	（4. 8118）	（2. 4636）	（1. 0092）	（1. 1204）	（1. 1228）
LGZ	0. 309346 ***	0. 245473	0. 713510 **	0. 477236	0. 438336
	（4. 5649）	（0. 7866）	（2. 2309）	（1. 4320）	（0. 9937）

续表

变量	食品烟酒 LSPYJ	居住 LJZ	交通和通信 LJTTX	教育文化娱乐 LJWY	医疗保健 LYLBJ
LCC	0.010210 （1.2247）	− 0.061269 （− 1.5958）	0.012331 （0.3134）	− 0.025972 （− 0.6335）	− 0.031552 （− 0.5814）
LZY	0.026519 （1.0534）	0.132770 （1.1452）	0.043908 （0.3696）	0.083213 （0.6722）	0.174019 （1.0620）
C	1.581342 （5.0228）	− 3.730259 （− 2.5727）	− 2.487540 （− 1.6741）	− 1.423372 （− 0.9193）	− 3.039354 （− 1.4831）
Adjusted R^2	0.9947	0.9593	0.9575	0.9358	0.9257
F	746.83	95.23	91.19	59.13	50.86

注：括号内为 t 值。＊＊＊表示 1% 的显著性水平下变量的 t 检验显著，＊＊表示 5% 的显著水平下变量的 t 检验显著。

分析后得出结论，所有模型拟合均达到标准，同时在给定的显著性水平 $\alpha = 0.01$，查 F 分布表，各模型的 F 统计值均大于临界值，意味着所有模型在 99% 的置信水平下显著成立。

观察吉林省农民家庭平均每人食品烟酒消费支出（SPYJ）模型，农民家庭平均每人工资性收入、家庭经营性收入、财产性收入和转移性收入均对农民食品烟酒消费支出具有正向影响，其中家庭经营性收入和工资性收入对食品烟酒的消费支出影响程度最大。农户人均家庭经营性收入和人均工资性收入两个变量在 1% 的显著性水平上显著。从影响程度上看，家庭经营性收入和工资性收入对农民食品烟酒消费支出的影响最大。在其他条件不变的情况下，农民平均每人家庭经营性收入增长 1%，则农民家庭平均每人食品烟酒消费支出将增加 0.41%；农民平均每人工资性收入增长 1%，则农民家庭平均每人食品烟酒消费支出将增加 0.31%。

观察吉林省农民家庭平均每人居住消费支出（JZ）模型，在农民四种收入来源中，与农民居住消费支出成正比例变动的是转移性收入、家庭经营性收入和工资性收入，同时家庭经营性收入的 t 检验在 $\alpha = 0.01$ 的显著性水平下显著，而与转移性收入、家庭经营性收入相比，工资性收入对农民居住消费支出的冲击力较弱，财产性收入则与农民居住消费支出呈反方向变动。从影响程度上看，家庭经营性收入和工资性收入对农民居住消费支出的影响最大，且家庭经营性收入的影响程度远高于工资性收入的影响程度。在其他条件不变的情况下，农民平均每人家庭经营性收入增长 1%，则农民家庭平均每人食品烟酒消费支出将增加 0.97%；农民平均每人工资性收入增长 1%，则农民家庭平均每人食品烟酒消费支出将增加 0.25%。

观察吉林省农民家庭平均每人交通和通信消费支出（JTTX）模型，与农民交通和通信消费支出呈同向变动的是工资性收入、家庭经营性收入、转移性收入和财产性收入，但对农民交通和通信消费支出冲击力最强的是工资性收入，其次是家庭经营性收入，最后是转移性收入，其中工资性收入 t 检验在 $\alpha = 0.05$ 的显著性水平下显著。财产性收入与农民交通和通信消费支出呈反方向变动。工资性收入对交通和通信消费支出影响程度高于其他收入影响程度，其次是家庭经营性收入对交通和通信的影响程度较高。在其他条件不变的情况下，农民平均每人工资性收入增长 1%，则农民家庭平均每人交通和通信消费支出将增加 0.71%；农民平均每人家庭经营性收入增长 1%，则农民家庭平均每人交通和通信消费支出将增加 0.41%。产生这种情况的原因可能是随着工业化和城镇化的不断推进，农民外出务工越来越普遍，对于交通和通信的需求也随之增加。

观察吉林省农民家庭平均每人教育文化娱乐消费支出（JWY）模型，四类收入来源对于教育文化娱乐消费支出的影响虽然在统计学上都不显著，即没有通过显著性检验。但其对农民教育文化娱乐消费支出的作用方向，却值得关注。家庭经营性收入、工资性收入和转移性收入与农民教育文化娱乐消费支出呈同方向变动，财产性收入与教育文化娱乐支出呈反方向变动。之所以会产生这种情况，原因可能是农民家庭财产性收入越高，其将收入转化为储蓄的比例越高，从而导致对于教育文化娱乐的消费支出相应减少。从影响程度上看，家庭经营性收入和工资性收入对农民教育文化娱乐消费支出的影响基本持平。

观察吉林省农民家庭平均每人医疗保健消费支出（YLBJ）模型，与农民医疗保健消费支出呈同向变动的是家庭经营性收入、工资性收入和转移性收入，财产性收入与农民医疗保健消费支出仍然呈反方向变动关系。各类收入来源对农民医疗保健的影响，与对农民教育文化娱乐支出的影响相同，也没有通过显著性检验。从影响程度上看，家庭经营性收入和工资性收入对农民食品烟酒消费支出的影响最大，如表5-7所示。

表5-7 四类收入来源对农民消费支出的影响效果

消费支出类别	工资性收入	家庭经营性收入	财产性收入	转移性收入
食品	正向影响	正向影响	正向影响	正向影响
居住	正向影响	正向影响	负向影响	正向影响
交通通信	正向影响	正向影响	正向影响	正向影响
教育文化娱乐	正向影响	正向影响	负向影响	正向影响
医疗保健	正向影响	正向影响	负向影响	正向影响

可见，拉动农村居民消费，就需要提高农村居民家庭的工资性收入和转移性收入，这就要政府发挥其作用。对于工资性收入，农民的技能以及素质相对较低，而人力资本的投资时间较长，收益却很大，因而政府需要制订长远的投资计划，进而实现工资性收入拉动农村居民消费的目标。对于转移性收入，政府需要增加对于农业的财政支出，并且制定测评指标，衡量财政资金的投入效益，以防出现财政资金落不到实处的现象，切实增加农民的转移性收入，最终优化农民消费结构。

5.2 吉林省农民收入结构变动与职业分化

改革开放四十多年，农村经济的发展也出现翻天覆地的变化，改革开放初期，由于国家政策的限制，农民只能在农村务农，随着政策的放开，农民自身的逐利性凸显出来，农村中种地的农民主要是中老年人，青壮年劳动力已经呈现明显的分化状态，为了获取更高的收入，青壮年劳动力多是向二三产业转移，从事非农工作。因而农民收入结构也逐渐发生了转变，从家庭经营收入内部变化来看，第一产业净收入呈现下降趋势，第二产业净收入和第三产业净收入呈现上升趋势。把家庭经营收入和工资性收入做对比，发现家庭经营收入占农民家庭平均每人可支配收入的比重下降，工资性收入占农民家庭平均每人可支配收入的比重上升，改变了农民收入以家庭经营收入为单线的格局，形成了农民收入以家庭经营收入和工资性收入两条主线的结构。可见农民收入结构的转变与农民职业分化息息相关。那么两者之间有怎样的联系呢，明晰两者之间的关系有利于更好地制定农民收入政策。目前学者对于农民收入结构与农民职业分化的研究主要集中在职业分化与农村社会相关问题方面，如何蒲明、张凡（2015）主要立足城镇化的角度，发现农民收入分化和职业分化成为城镇化发展的因素，但短期内对其影响不明显。李逸波、彭建强（2014）指出，小到个人，大到社会都对农民分化和城乡发展有重要的影响，特别是农民的受教育年限对农民分化的影响是正向的。何蒲明、刘红、魏君英（2014）的研究结果表明，农民收入分化和职业分化对农业的影响呈现反向变化的状态。许恒周（2011）发现农民的职业分化有利于这部分农民把自己的土地流转出去，从而有利于农民的规模经营，提高生产效率。张艳（2009）就老龄化严重的社会问题，研究其与农民职业分化的关系，发现从事脑力劳动的人对养老环境的要求更高。陈世强等（2008）认为，家庭农业劳动力数量与农民家庭平均每人可支配收入呈反比例变动，而家庭非农劳动力数量与农民家庭平均每人可支配收入呈正比例变动。全磊（2015）分析我国农民非农就业与收入分化的关系，认为仅仅看农民工资性收入占农民家庭平均每人可支配收入的比重来研究农民收入分化是片面的。本章研究的农民从事非农工作获取的收入主要由两类构成：一是工资性收入；二是家庭经营收入中的二三产业的收入。以这两部分的收入占农民家庭平均每人可支配收入的比重的变化来说明农民收入结构的变动。

农民收入结构变动以农民非农收入占农民家庭平均每人可支配收入的比重作为分析指标,以 INSTR 显示。农民职业分化以乡村中第二产业和第三产业就业人数占乡村总就业人数的比重作为分析指标,以 CRDE 显示。总体来看,2000～2018 年吉林省农民收入结构变动和农民职业分化基本是波动上升的状态,具体来看,2004 年之前,两者的变化呈现反方向变动,2004～2012 年均呈现上升的状态,2012～2018 年两者又呈现反方向变化。吉林省农民收入结构变动增长的速度相对农民职业分化来讲,是较为缓慢的,自 2002 年开始,农民职业分化的增长态势极为迅猛,农民收入结构变动状态相对平缓。这主要是因为吉林省是粮食大省,因而吉林省农业收入占比居于高位,家庭经营性收入依然占主要地位,如图 5 - 2 所示。

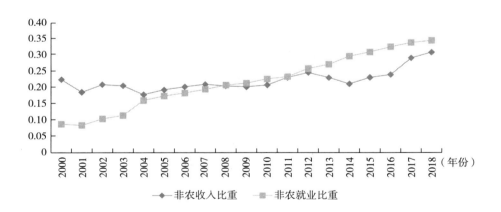

图 5 - 2　吉林省农民收入结构变动与职业分化趋势

资料来源:根据《吉林统计年鉴》(2001～2019 年)整理得到。

5.2.1　模型构建

目前,大多数学者对于时间序列的研究主要是构建因果关系延伸的定量模型。构建定量模型之前，要求数据必须具有平稳性。如果数据没有平稳性，那么后续进行 t，F 等假设检验结果的准确性就会降低。在经典回归模型分析中，自变量具有平稳性就是要求假设样本的数量无限多。这样时间序列的分析就越符合平稳性的条件。

西姆斯在 1980 年提出向量自回归模型（Vector Auto Regression，VAR），向量自回归模型主要被用于时间序列系统的预测和随机扰动项对变量系统影响的动态分析。VAR 模型是一种非结构化的多方程模型，这种模型不带有任何事先约束条件，将每个变量都视为内生变量，从而避开了结构建模方法中需要对系统中每个内生变量关于所有变量滞后值函数的建模问题。VAR（p）模型的数学表达式是：

$$y_t = A_1 y_{t-1} + \cdots + A_p y_{t-p} + B_{x_t} + \varepsilon_t \quad t = 1,2,3,\cdots,T \qquad (5-2)$$

其中：y_t 是 k 维内生变量向量，x_t 是 d 维外生变量向量，p 是滞后阶数，T 是样本个数。k×k 维矩阵，A_1，A_2，A_n 和 k×d 维矩阵 B 是要被估计的系数矩阵。ε_t 是 k 维扰动向量。它们相互之间可以同期相关，但不与自己的滞后值相关，且不与等式右边的变量相关，在向量自回归的基础上，可以用脉冲响应函数和预测方差分解来对已建立起来的模型做出解释。脉冲响应函数（Impulse Response Function，IRF）用来考虑每一个变量作为因变量时，来自其他变量，包括因变量自身滞后值的一个标准差的随机扰动项所产生的影响，以及其影响的路径变化。VAR 模型并没有给出变量之间当期相关关系的确切形式，即在模型的右端不含内生变量的当期值，而这些当期相关关系隐藏在误差项的相关结构之中，是无法接受的，所以将公式（5-2）称为 VAR 模型的简化形式。模型的误差项 ε_t 是不可观测的，通常称为新息（innovations）向量，有时也称为异常（surprise）向量，可以被看作是不可预测的随机扰动。以下是两变量的 SVAR 模型。

$$x_t = b_{10} + b_{12} z_t + \gamma_{11} x_{t-1} + \gamma_{12} z_{t-1} + u_{xt}$$
$$z_t = b_{20} + b_{21} x_t + \gamma_{21} x_{t-1} + \gamma_{22} z_{t-1} + u_{zt} \quad t = 1,2,3,\cdots,T \qquad (5-3)$$

模型公式（5-3）中假说：

（1）变量过程 x_t 和 z_t 均是平稳随机过程；

（2）随机误差 μ_{xt} 和 μ_{zt} 是白噪声序列，不失一般性，假设方差 $\sigma_x^2 = \sigma_z^2 = 1$；

（3）随机误差 μ_{xt} 和 μ_{zt} 之间不相关，cov（μ_{xt}，μ_{zt}）$=0$。

模型公式（5-3）一般称为一阶结构向量自回归模型［SVAR（1）］。它是一种结构式经济模型，引入了变量之间的作用与反馈作用，其中系数 b_{12} 表示变量 z_t 的单位变化对变量 x_t 的即时作用，γ_{21} 表示 x_{t-1} 的单位变化对 z_t 的滞后影响。虽然 μ_{xt} 和 μ_{zt} 是单纯出现在 x_t 和 z_t 中随机冲击，但如果 $b_{21} \neq 0$，则作用在 x_t 上随机冲击 μ_{xt} 通过对 x_t 的影响，能够即时传到变量 z_t 上，这是一种间接的即时影响；同样，如果 $b_{12} \neq 0$，则作用在 z_t 上的随机冲击 μ_{zt} 也可以对 x_t 产生间接的即时影响。冲击的交互影响体现了变量作用的双向和反馈关系。

5.2.2　农民收入结构变动与职业分化关系的实证分析

5.2.2.1　单位根检验

由于向量自回归模型的运用要求系统中的变量具有平稳性，因此，首先必须对所研究问题的相关数据进行平稳性检验。本章采用 DF 检验，使用普通最小二乘法（OLS）得到的 t 统计量进行单位根检验。其检验假设为：原假设 H_0：$\delta = 0$；备择假设 H_1：$\delta < 0$，使用 Mackinnon 临界值进行判断，如果检验 t 统计量大于临界值则接受原假设 H_0，而拒绝备择假设 H_1，说明序列存在单位根，是非平稳序列。对于非平稳序列的时间序列，进一步检验其 d 阶差分的平稳性，如果检验得知序列的 d 阶差分是平稳的，则称此序列为 I（d）。

应用 STATA 15.0 软件，对 1985～2018 年的农民收入结构 INSTR 和农民职业分化 CRDE 进行单位根检验，检验结果表明，上述两个变量均为一阶单整，如表 5-8、表 5-9 所示。

表 5 - 8　农民收入结构 INSTR 单位根检验结果

Dickey – Fuller test for unit root　　　　　　　　　　　　　　　　　　　Number of obs 　=　32

	Test Stacistic	1%　Critical Value	——Interpolated Dickey – Fuller—— 5%　Critical Value	10% Crictical Value
z（t）	- 7. 868	- 3. 702	- 2. 980	- 2. 622

MacKinnon approximate p – value for z（t）= 0. 0000

表 5 - 9　农民职业分化 CRED 单位根检验结果

Dickey – Fuller test for unit root　　　　　　　　　　　　　　　　　　　Number of obs 　=　32

	Test Stacistic	1%　Critical Value	——Interpolated Dickey – Fuller—— 5%　Critical Value	10% Crictical Value
z（t）	- 4. 469	- 3. 702	- 2. 980	- 2. 622

MacKinnon approximate p – value for z（t）= 0. 0002

5.2.2.2　协整检验

协整概念是一个强有力的概念。因为协整允许刻画两个或多个序列之间的平衡或平稳关系，对于每一个序列单独来说可能是非平稳的，这些序列的矩，例如均值、方差和协方差随时间而变化，而这些时间序列的线性组合序列却可能有不随时间变化的性质。Engle 和 Granger 指出两个或多个非平稳时间序列的线性组合可能是平稳的。假如这样的一种平稳 I（0）的线性组合存在，这些非平稳（有单位根）时间序列之间被认为具有协整关系。K 维向量 y_t =（y_{1t}，y_{2t}，…，y_{kt}）的分量间被称为 d，b 阶协整，记为 $y_t \sim CI$（bd），如满足：

（1）$y_t \sim I$（b），要求 y_t 的每个分量 $y_{it} \sim I$（b）；

（2）存在非零列向量 β，使 $\beta' y_t \sim I$（d - b），$0 < b \leqslant d$。

y_t 是协整的，向量 β 又称为协整向量。

协整检验从检验的对象上可以分为两种：一种是基于回归系数的协整检

验，如 Johansen 协整检验；另一种是基于回归残差的协整检验，如 DF 检验和 ADF 检验。为了分析 INSTR 序列和 CRDE 序列之间是否存在协整关系，本章采用 Johansen 在 1988 年，以及与 Juselius 于 1990 年提出的基于向量自回归模型的多重协整检验方法。

由图 5-3 可以看出，INSTR 和 CRDE 可能存在长期均衡关系，即为协整系统。因此，首先需要确定此系统的协整秩，即究竟有多少个线性无关的协整关系。在确定协整秩之前，需要先检验该系统所对应的 VAR 模型的滞后阶数。根据表 5-10，打星号者为根据不同准则选择的滞后阶数，AIC 准则选择滞后四阶，而 BIC 准则选择滞后二阶。本章选择滞后二阶，进行协整秩检验。

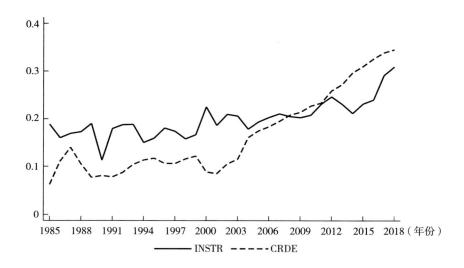

图 5-3 INSTR 和 CRDE 趋势（1985~2018 年）

迹检验结果表明，只有一个线性无关的协整向量（表 5-11 中打星号者）。而和最大特征值检验也表明，可以在 5% 的水平上拒绝"协整秩为 0"的原假设（17.2195 > 16.87），但无法拒绝"协整秩为 1"的原假设（1.7555 < 3.74）。因此，选择协整秩为 1。进一步，建立 INSTR 和 CRDE 的协整方程（见表 5-12）。

表 5 – 10　INSTR 和 CRDE 协整系统对应 VAR 模型滞后阶数

Selection – order criteria

Sample：1989 – 2018　　　　　　　　　　　　　　　　　　　Number of obs　=　30

lag	LL	LR	df	p	FPE	AIC	HQIC	SBIC
0	100. 342				4. 9e – 06	– 6. 55615	– 652627	– 6. 46274
1	161. 006	121. 33	4	0. 000	1. 1e – 07	– 10. 3337	– 10. 2441	– 10. 0535
2	168. 425	14. 839	4	0. 005	8. 9e – 08	– 10. 5617	– 10. 4122 *	– 10. 0946 *
3	168. 957	1. 0639	4	0. 900	1. 1e – 07	– 10. 3305	– 10. 1213	– 9. 67656
4	178. 171	18. 429 *	4	0. 001	8. 2e – 08 *	– 10. 6781 *	– 10. 4091	– 9. 83738

Endogenous：instr crde

Exogenous：_ cons

根据回归结果可知，协整向量为（1，– 0. 302），其中 INSTR 的系统被标准化为 1，故其标准误为缺失；CRDE 的协整系统在 1% 水平上显著。将协整向量移项，将估计的函数关系写为：

$$\widehat{INSTR}_t = 0.145 + 0.302CRDE_t \qquad\qquad (5-4)$$

表 5 – 11　协整秩检验

Johansen tests for cointegration

Trend：trend　　　　　　　　　　　　　　　　　　　　　　　Number of obs = 32

Sample：1987 – 2018　　　　　　　　　　　　　　　　　　　　　　　Lags = 2

maximum rank	parms	LL	eigenvalue	trace statistic	5% critical value
0	8	167. 85172	.	18. 9750	18. 17
1	11	176. 46146	0. 41615	1. 7555 *	3. 74
2	12	177. 33922	0. 05338		

maximum rank	parms	LL	eigenvalue	max statistic	5% critical value
0	8	167. 85172	.	17. 2195	16. 87
1	11	176. 46146	0. 41615	1. 7555 *	3. 74
2	12	177. 33922	0. 05338		

表 5 - 12　INSTR 与 CRDE 的协整方程回归结果

Cointegrating equations

Equation	Parms	chi2	p > chi2
- ce1	1	40. 51733	0. 0000

Identification：beta is exactly identified

Johansen normalization restriction imposed

beta	Coef.	Std. Err.	z	p > | z |	[95% Conf. Interval]	
- ce1						
instr	1	.	.	.	.	.
crde	- 0. 3020637	0. 0474546	- 6. 37	0. 000	- 0. 3950729	- 0. 2090544
- cons	- 0. 1449583	.	.	.	.	.

5.2.2.3　格兰杰因果检验与脉冲响应函数

经济学中常常需要确定因果关系究竟是从 x 到 y 还是从 y 到 x，抑或是双向因果关系。格兰杰提出了以下检验思想。首先，原因必然发生于结果之前。其次，原因包含有关结果的独特信息，对结果具有解释力或预测力。因此，如果 x 是 y 的因，但 y 不是 x 的因，则 x 的过去值可以帮助预测 y 的未来值，而 y 的过去值却不能帮助预测 x 的未来值。格兰杰因果检验仅适用于平稳序列，或具有协整关系的单位根过程。上一节内容已经证明，农民收入结构 INSTR 和农民职业分化 CRDE 之间存在协整关系。下面可直接考察两者的格兰杰因果关系。由表 5 - 13 的回归结果可知，无论是以农民收入结构 INSTR 还是农民职业分化 CRDE 为被解释变量，其 p 值均远小于 0. 01。因此，农民收入结构 IN-STR 和农民职业分化 CRDE 之间互为格兰杰原因。

进一步考察正交化的脉冲响应图（图 5 - 4）。图中四幅小图各自的命名顺序为脉冲名称、冲击变量、响应变量。观测吉林省农民收入结构变动 INSTR 对农民职业分化 CRDE 的影响。农民收入结构变动对农民职业分化一个标准差扰动的响应，前者的变动对后者的影响呈现正比例变动，农民收入结构变动对农民职业分化的信息扰动结果的正向影响具有延展性。观测吉林省农民职业分

表 5 - 13　INSTR 与 CRDE 格兰杰因果检验回归结果

Granger causality wald tests

Equation	Excluded	chi2	df	prob > chi2
instr	crde	15. 549	2	0. 000
instr	ALL	15. 549	2	0. 000
crde	instr	17. 501	2	0. 000
crde	ALL	17. 501	2	0. 000

化 CRED 对农民收入结构变动的影响。农民职业分化对农民收入结构变动的一个标准差扰动的响应，前者的变动对后者的影响呈反比例变动，但是农民职业分化对农民收入结构变动的扰动结果的负向影响程度小且具有收缩性。这说明吉林省的农民职业分化虽然会使农民收入结构发生变化，但是影响程度不明显，即农民不会抛下土地。实际上，这是由吉林省的省情决定的，吉林省是农业大省，农业收入在农民家庭平均每人可支配收入的占比依然居于主要地位，而农民非农收入每年均呈上升趋势，但在农民家庭平均每人可支配收入中的比重依然处于次要地位，且增长幅度不大，主要是吉林省乡镇企业的发展处于停滞阶段，为农民提供的就业机会较少，加上农业的周期性，农民去城镇打工不能保证连续性，而且只能是从事体力劳动，因此农民从事其他行业的风险较大，这样使非农收入增长较缓慢。观测吉林省农民收入结构变动 INSTR 和农民职业分化 CRED 对其各自的一个标准差的影响。农民收入结构变动对其自身一个标准差扰动在 2 期之间是有反比例变动的，而后就表现为正比例变动，只是这种正比例变动程度较小，说明未来吉林省农民收入结构变动程度不会太大。吉林省农民职业分化对其自身一个标准差扰动呈正比例变动，即吉林省农民职业分化的关键因素是自身新息的正比例变动。实际上，在初期，农民非农收入增长确实会促使农民的职业分化，且农民的职业分化也会进一步提高农民的非农收入。但是相对农业收入来讲，农民的非农收入来源不稳定，且变动幅度很大，国家对农产品价格的支持政策，导致农民非农收入增长缓慢，这样就

会阻碍农民职业分化的进程。

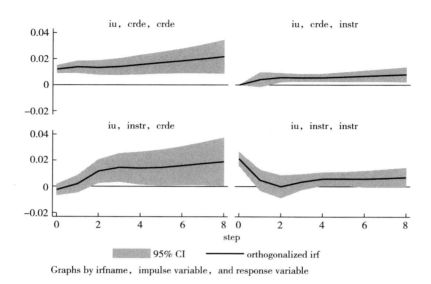

图 5 - 4　正交化的脉冲响应

下面交换变量次序，考察正交化脉冲响应函数的稳健性。由图 5 - 5 和图 5 - 6 可知，在不同变量排序下，农民收入结构 INSTR 与农民职业分化 CRED 间的互相脉冲响应差别不大。但是也能够发现，农民职业分化对农民收入结构的作用是超过农民收入结构对农民职业分化的作用的。吉林省是农业大省，第一产业收入占家庭经营收入的比例一直较高。由于吉林省的地理位置，因此粮食种植受季节性影响明显，加上机械化生产的普及，农民在土地的耕种时间相对较少，因而农民从事非农行业对农业生产的影响相对较小。另外，农业收入与非农业收入相比是较低的，这样的情况下，就会导致农民的家庭收入结构发生改变，但是这种转变仍然不能让农民完全弃耕，投入到非农行业中去。这是由于农民自身技能的限制，以及农民在城镇生活的保障性限制，促使农民依然是处于这种职业分化的状态，不能完全转换自己的身份，因此农民收入结构对农民非农就业的作用较小。

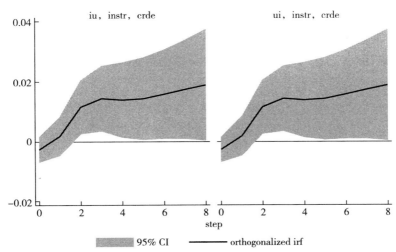

图 5 - 5　比较两种变量排序下的脉冲响应（INSTR→CRED）

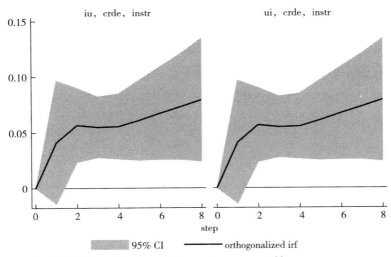

图 5 - 6　比较两种变量排序下的脉冲响应（CRED→INSTR）

通过对吉林省农民收入结构变动和农民职业分化相互作用的研究，得出了以下结论：吉林省农民收入结构与农民职业分化具有一致的变动方向，吉林省农民职业分化与农民收入结构变动互为格兰杰原因，农民职业分化对农民收入结构的影响超过农民收入结构对农民职业分化的影响。而且，吉林省农民收入结构对农民职业分化的作用相对较小。反过来，农民职业分化影响农民收入结构就比较显著，而农民职业分化的转变存在着内部性强，受收入结构的外部性影响相对小。究其原因，主要受收入水平的影响，当收入水平达到一定程度时，劳动力由第一产业流入第二产业，当收入水平又达到一个更高的层次时，劳动力就会由第二产业流入第三产业，即劳动力在第一产业占比逐渐下降，在第二产业、第三产业的占比逐渐上升。一般情况下，农民在非农产业的收入均会超过农业收入，这样农民的职业分化就会改变农民收入结构。反过来，吉林省农民收入结构对农民职业分化的作用较小，究其原因，是源于农民家庭占有的资源较多，多年来家庭经营收入中的第一产业收入占吉林省农民家庭平均每人可支配收入的比重超过50%。因此，吉林省农民非农收入呈现上升的趋势，但其对农民的吸引力依然不能使农民脱离土地。目前国家的财政支出中惠农支出占比很高，这也充分调动了农民继续耕种的积极性，因此职业分化无法彻底实现。另一个角度来看，如果非农部门可以为农民提供更多的工作机会，那么农民可以彻底弃耕，从事非农工作，但吉林省的实际情况是乡镇企业发展惨淡，并不能为农民提供持续稳定的工作。这种双重的冲击使农民的职业分化过程更加不能实现，即吉林省农民职业分化对农民收入结构的作用相对较小。

第6章 玉米价格变化与吉林省农民家庭经营性收入

吉林省作为典型的粮食主产区，玉米为主要粮食作物。玉米种植收入在农民家庭经营收入中占有较高的比重。玉米价格的变化对农民家庭经营收入会产生较大影响。自2008年，国家开始在东北三省一区实行玉米临时收储政策，玉米临时收储价格逐年提高。至2016年，国家放弃玉米临时收储政策，改为"市场化收购＋补贴"政策，即实施"价补分离"政策，向玉米种植农户发放生产者补贴。本章将首先考察政策变化之前，玉米价格变化和农民家庭经营性收入之间的关系，再进一步分析政策变化引发的玉米市场价格变化对吉林省农民家庭经营收入产生的影响。

6.1 吉林省玉米价格和农民家庭经营性收入变动特征

6.1.1 吉林省玉米价格变动特点

吉林省玉米价格总体呈现上涨趋势，期间发生过几次下降，但上涨势头明显。由1982年的0.2元/千克上升到2015年的2.00元/千克，增长了10倍，年均增长6.88％。如同经济发展具有周期性一样，玉米价格的变动也具有周期性。本章首先依照公式：$I_t = (CP - CP') / (CP')$，其中CP为玉米价格，并计算了吉林省玉米价格的波动周期（图 6 - 1）。并利用 Eviews 8.0 软件对玉米价格进行回归，对比发现三次式模型要优于线性和二次式，所以选择方程：

$$CP = 0.087 + 0.56t - 0.002t^2 + 0.0000692t^3 \qquad (6-1)$$

依据周期波动理论，一个完整周期要从波谷（峰）开始上升（下降）到波峰（谷）以后又恢复到波谷（峰），具有明显上凸（下凹）形态。本章以此作为依据，来分析吉林省玉米价格变动的特征及影响玉米价格变动的原因。因吉林省 1982 年开始实行家庭联产承包责任制，所以选取该年作为起点。吉林省 1982～2015 年的玉米价格波动可以划分为 8 个半周期（见图 6 - 1，表 6 - 1）。其中，前 7 个周期为完整周期，最后 1 个周期尚未完成，在此算为半个周期。

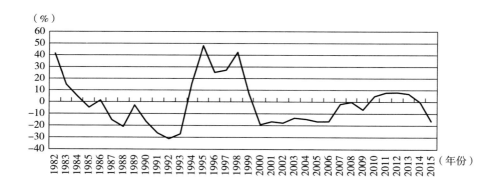

图 6 - 1　1982～2015 年吉林省玉米价格波动指数

资料来源：笔者整理所得。

由表 6 - 1 可以看出，除第 4 周期（1995～1998 年）、第 9 周期（2012～2015 年）为古典型波动外，其余波动周期基本属于增长型波动，说明吉林省玉米价格总体呈现增长趋势，并呈现出以下特点：

（1）玉米价格变动频率高、周期短。1982～2015 年，吉林省玉米价格历经 8 个完整波动周期和 1 个不完整周期。在 9 个波动周期中，第 3 个周期最长，为6年；第6个周期最短，为2年，除第3周期较长、第6周期较短外，其余周期以3~4年居多，9个波动周期的平均年距为3.66年。总体来看，吉林省的玉米变动较为频繁且持续时间较短。

（2）玉米价格变动幅度大。波幅可以反映玉米价格变化的剧烈程度，依据波幅大小将其分为三类，将波幅在0%~10%的作为弱幅型周期，10%~20%的作为中幅型周期，将20%以上的作为强幅型周期。在吉林省玉米价格波动的9个周期中，第1、3、5周期为强幅型，第2、4、9为中幅型，其余3个为弱幅型。波动最剧烈的是第3周期，波幅达到39.66%，波幅最小的为第6周期，波幅为2.11%，9个周期的平均波幅为16.24。从第1周期至第9周期，波幅类型由强幅型逐步转换为中幅型、弱幅型，波动幅度逐渐减小，说明吉林省的玉米价格由剧烈上涨转变为温和上涨，玉米价格增速放缓。

表6-1 1982~2005年吉林省玉米价格波动周期

周期	起止年份	年距	波峰及年份	波谷及年份	峰谷落差	波幅	波幅类型
1	1982~1986	4	41.77%（1982）	-4.74%（1985）	46.51%	23.26%	强幅型
2	1986~1989	3	1.34%（1986）	-20.94%（1988）	22.28%	11.14%	中幅型
3	1989~1995	6	48.01%（1995）	-31.30%（1992）	79.31%	39.66%	强幅型
4	1995~1998	3	48.01%（1995）	25.26%（1996）	22.75%	11.38%	中幅型
5	1998~2001	3	42.33%（1998）	-19.22%（2000）	61.55%	30.78%	强幅型
6	2001~2003	2	-13.59%（2003）	-17.80（2002）	4.21%	2.11%	弱幅型
7	2003~2008	5	-0.20%（2008）	-16.56%（2006）	16.36%	8.18%	弱幅型
8	2008~2012	4	8.02%（2012）	-6.60%（2009）	14.62%	7.31%	弱幅型
9	2012~2015	3	8.02%（2012）	-16.63%（2015）	24.65%	12.33%	中幅型

资料来源：笔者整理所得。

引发吉林省玉米价格波动的因素，主要来自以下几个方面：

（1）产量因素。

1982~2015年，吉林省玉米加工业及畜牧业发展迅猛。受玉米需求因素的影响，玉米价格连年走高。农业生产不同于其他产业，对自然环境的依赖性强。在风调雨顺的年份可以实现增产，而遇到干旱、洪水等极端天气的年份，甚至会导致绝收，玉米供应量的变化影响了玉米价格。

由图6-2可以看出，第1、4、5周期中：1985年吉林省遭受了严重的自然灾害，暴雨频发，使14.9%的农作物遭灾，受灾面积达到了2623万公顷，其中545公顷的土地绝收，较1984年玉米减产310.62万吨，减产幅度达29%；1999~2000年，吉林省接连受到自然灾害的影响，2000年，旱灾受灾面积达到了353.8万公顷，较1999年减产931.71万吨，减产48%，使粮食生产面临着极为严峻的挑战。粮食减产，供给相对减弱，玉米价格上升；在玉米产量恢复阶段其价格回归正常水平，导致玉米价格上涨过程中出现变动。

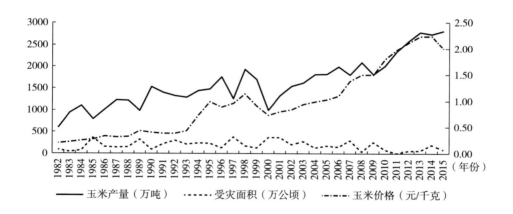

图6-2　1982~2015年吉林省受灾面积、玉米产量与玉米价格

资料来源：《吉林统计年鉴》（1983~2016年）、《中国农产品价格调查年鉴》（1983~2016年）。

（2）成本产量因素。

玉米的生产成本包括：物质与服务费用、人工成本、家庭用工折价、雇工费用。由图6-3可以看出，吉林省玉米价格与玉米生产总体变动一致，呈上升趋势。1982~2015年，吉林省玉米生产成本由1982年的42.34元/亩，上涨到2015年的844.94元/亩，年均增长9.33%；玉米价格由1982年的0.2元/

千克上升到 2015 年的 2.00 元/千克，年均增长 6.88%，玉米生产成本对玉米价格具有强正相关性。第 1~3 周期内玉米生产成本增长较慢，第 4~7 周期内玉米生产成本与玉米价格呈现波动式增长；第 7~9 周期，玉米生产成本快速上涨，导致玉米价格也随之快速上涨。

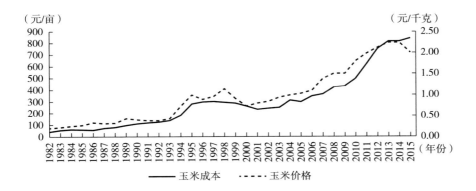

图6－3　1982～2015 年吉林省玉米生产成本与玉米价格

资料来源：《全国农产品成本收益资料汇编》（1983~2016 年），《中国农产品价格调查年鉴》（1983~2016 年）。

（3）政策因素。

吉林省的玉米价格受政策影响较大，从第 1 个波动周期开始，吉林省的玉米价格就受到了政策的推动。党的十一届三中全会把党和国家的工作中心放到经济建设上来，工作重心发生转移，对粮食生产也产生了影响。1982 年吉林省开始实施家庭联产承包责任制，极大地提高了农民的生产积极性，促进了玉米产量的增长；玉米价格由 1982 年的 0.20 元/千克上升到 2015 年的 2.00 元/千克。期间发生过几次波动，1995 年由于国家实施最低粮价保护制度，吉林省玉米价格走高，达到 0.99 元/千克，此后玉米价格回落，至 2000 年已达到最低水平，为 0.73 元/千克；2008 年之后受玉米临时收储政策的影响，玉米价格快速上涨，到 2014 年达到 2.24 元/千克，2015 玉米价格再度下降，为

2.00 元/千克。吉林省农民家庭经营收入在 1982～2015 年同样呈现不断增长的趋势，从 1982 年的 102.80 元增长到 2015 年的 7764.08 元，年均增长 31.18%。

6.1.2 吉林省农民家庭经营收入变动特征

随着改革开放的推进，粮食流通体制的改革也随之加深，农产品市场日益完善，农民收入稳步增长。吉林省农民家庭经营收入总体呈上升趋势，吉林省农民家庭经营收入由 1982 年的 102.80 元，上涨到 2015 年的 7764.08 元，年均增长 30.62%。吉林省的农民家庭经营收入大致可以分为三个阶段：第一阶段是 1982～1995 年，吉林省农民家庭经营收入低速增长；第二阶段是 1995～2000 年，吉林省农民家庭经营收入中速增长；第三阶段是 2000～2015 年，吉林省农民家庭经营收入高速增长阶段（见表 6-2）。

表 6-2　1982～2015 年吉林省农民家庭经营收入　　　　单位：元

年份	家庭经营收入	年份	家庭经营收入	年份	家庭经营收入
1982	102.80	1993	823.04	2004	2292.76
1983	414.20	1994	1083.41	2005	2395.50
1984	432.21	1995	1277.47	2006	2556.70
1985	380.70	1996	1661.45	2007	2829.73
1986	406.70	1997	1850.33	2008	3344.70
1987	474.50	1998	2050.71	2009	3436.75
1988	562.79	1999	1937.57	2010	4085.92
1989	561.00	2000	1611.65	2011	4950.40
1990	740.89	2001	1731.76	2012	5617.63
1991	683.80	2002	1876.65	2013	6855.10
1992	747.95	2003	1991.17	2014	7445.60

资料来源：《吉林统计年鉴》（1983～2016 年）。

宏观经济环境会对农民家庭经营收入产生影响，其原因主要是宏观经济环境使农产品市场的供求关系发生变化，进而导致市场上的农产品价格发生变

动，影响农民家庭经营收入。由图 6 - 4 可以看出：吉林省农民家庭经营收入
与吉林省 GDP 变动方向是一致的，都是呈现增长趋势，虽然两者的增长速度
有差别，但也在一定程度上体现出吉林省的经济环境对吉林省农民家庭经营收
入存在影响。虽然吉林省的农民家庭经营收入增幅波动与经济波动趋势有很大
的相关性，但农民家庭经营收入增加并不仅仅依赖于宏观经济环境的促进，而
是多种因素共同作用的结果。但可以肯定的是，经济萧条不利于农民家庭经营
收入的增长；反之，经济发展势头良好，农民家庭经营收入则会相对提高
较快。

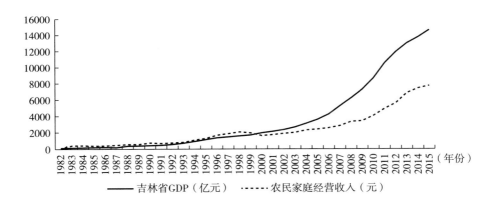

图 6 - 4　1982 ~ 2015 年吉林省 GDP 与农民家庭经营收入

资料来源：《吉林统计年鉴》（1983 ~ 2016 年）。

　　耕地面积与粮食单产能力是影响家庭经营收入的重要因素。吉林省的人均
耕地面积从 1986 年的 0.03 公顷/人上升到 2015 年的 0.51 公顷/人，年均增长
8.76%，粮食单产从 1982 年的 2813 千克/公顷增长到 2015 年的 7182.15 千克/
公顷，年均增长 2.88%（见表 6 -3）；与之相对的吉林省农民家庭经营收入，
在 1982 ~ 2015 年同样呈现增长的趋势，从 1982 年的 102.80 元增长到 2015 年
的 7764.08 元，年均增长 31.18%。人均耕地面积的增加和粮食单产能力的增
加，促进了吉林省粮食的生产能力增长，粮食产量的增加又促进了以卖粮收入

为主的吉林省农民家庭经营收入的增加。

表 6 - 3　1982～2015 年吉林省人均耕地面积与粮食单产

年份	人均耕地面积 （公顷／人）	粮食单产 （千克／公顷）	玉米单产 （千克／公顷）
1982	0.02	2813.00	7383.56
1983	0.02	4121.00	7394.60
1984	0.02	4668.00	7932.75
1985	0.02	3732.00	7851.00
1986	0.03	4305.00	7462.78
1987	0.26	4815.00	6577.54
1988	0.26	4950.00	6120.65
1989	0.28	3945.00	7127.38
1990	0.27	6440.00	6308.00
1991	0.27	5355.00	7071.00
1992	0.27	5205.00	6540.00
1993	0.27	6712.00	6283.00
1994	0.28	6471.00	6184.00
1995	0.28	5570.10	5970.00
1996	0.28	6419.10	6893.00
1997	0.28	5034.00	5454.00
1998	0.28	7024.95	7125.00
1999	0.28	6562.50	7949.00
2000	0.28	4272.60	5135.00
2001	0.28	4649.25	7067.00
2002	0.36	5485.50	6994.00
2003	0.36	5629.65	6854.00
2004	0.37	5820.90	6900.00
2005	0.38	6010.50	4725.00

续表

年份	人均耕地面积（公顷/人）	粮食单产（千克/公顷）	玉米单产（千克/公顷）
2006	0.39	6433.95	3015.00
2007	0.39	5660.85	3225.00
2008	0.41	6467.55	4965.00
2009	0.42	5556.00	6150.00
2010	0.44	6327.60	6060.00
2011	0.46	6976.80	4995.00
2012	0.47	7251.15	5700.00
2013	0.47	7413.45	6705.00
2014	0.49	7064.70	5685.00
2015	0.51	7182.15	5565.00

资料来源：《吉林统计年鉴》（1983～2016 年）。

　　农业生产成本是影响农民家庭经营收入的直接因素，农业生产成本增加会直接导致农民的获利空间减小。吉林省主要的粮食作物包括水稻、玉米和大豆，表 6 - 4 列举了 1982～2014 年的吉林省粮食作物的物质费用情况，其中家庭直接生产费用包括：种子秧苗费、农家肥费、化肥费、农膜费、农药费、畜力费、机械作业费、排灌费、燃料动力费、棚架材料费、其他直接费用；间接生产费用包括：固定资产折旧、小农具购置修理费、保险费、管理及其他间接费、财务费用、销售费用。

表 6 - 4　1982～2014 年吉林省粮食作物物质费用情况　　　　单位：元

年份	水稻		玉米		大豆	
	直接生产费用	间接生产费用	直接生产费用	间接生产费用	直接生产费用	间接生产费用
1982	42.18	12.35	24.26	4.98	20.71	4.17
1983	45.85	9.01	42.52	4.76	28.00	4.89
1984	58.85	12.63	37.60	5.70	31.12	5.70

续表

年份	水稻		玉米		大豆	
	直接生产费用	间接生产费用	直接生产费用	间接生产费用	直接生产费用	间接生产费用
1985	46.39	14.56	39.12	5.68	25.17	4.99
1986	47.52	11.81	37.77	5.39	24.00	6.25
1987	53.94	16.77	44.92	6.92	33.39	5.62
1988	64.03	18.64	49.23	8.39	34.34	6.60
1989	85.54	21.31	62.17	8.22	36.54	6.88
1990	90.01	19.13	68.41	12.67	42.30	8.44
1991	99.81	24.08	72.26	10.71	42.47	7.38
1992	105.37	25.75	76.25	11.69	46.52	8.00
1993	106.71	26.70	83.01	13.17	55.02	9.54
1994	139.45	28.87	119.29	15.53	74.36	9.25
1995	184.38	30.80	187.17	20.25	95.06	11.36
1996	183.33	33.60	189.91	20.65	89.03	14.91
1997	232.51	36.92	177.86	23.26	112.44	30.20
2001	147.19	11.76	131.16	12.97	91.09	9.60
2002	186.59	9.84	140.00	9.64	86.14	8.60
2003	188.77	9.99	141.89	9.55	88.71	7.63
2004	200.37	13.52	164.28	14.27	110.22	14.13
2005	250.06	10.76	171.17	8.60	120.40	8.16
2006	252.10	10.20	215.84	4.82	122.41	5.13
2007	284.36	10.86	302.71	5.12	142.62	4.80
2008	344.19	8.18	275.66	6.21	193.49	5.88
2009	353.62	8.71	280.30	4.76	175.25	6.23
2010	368.59	10.31	302.14	6.40	190.67	6.41
2011	438.46	18.34	354.34	12.68	216.67	10.65
2012	473.58	13.68	374.29	13.05	240.87	11.58
2013	511.17	10.97	394.28	11.96	261.67	10.30
2014	492.39	17.99	375.33	9.01	246.54	16.94

资料来源:《全国农产品成本资料收益资料汇编》(1983~1998 年, 2002~2015 年)。

从整体来看，三种粮食作物的物质费用虽然在个别年份出现了下降，但总体上都呈现上涨的趋势。由表 6-4 可以看出：1982 年，吉林省水稻的物质费用为 54.35 元/亩，其中直接费用为 42.18 元/亩，间接费用为 12.35 元/亩，到 2014 年上涨到 510.38 元/亩，其中直接费用为 492.39 元/亩，间接费用为 17.99 元/亩，水稻物质费用年均增长 7.81%；1982 年，吉林省玉米的物质费用为 29.24 元/亩，其中直接费用为 24.26 元/亩，间接费用为 4.98 元/亩，到 2014 年上涨到 384.34 元/亩，其中直接费用为 375.33 元/亩，间接费用为 9.01 元/亩，玉米物质费用年均增长 8.11%；1982 年，吉林省大豆的物质费用为 24.88 元/亩，其中直接费用为 20.71 元/亩，间接费用为 4.17 元/亩，到 2014 年上涨到 263.48 元/亩，其中直接费用为 246.54 元/亩，间接费用为 16.94 元/亩，玉米物质费用年均增长 7.32%。1982～2015 年，吉林省的粮食作物物质费用增长大致相同，水稻、玉米、大豆的物质费用年均增长率分别为 7.81%、8.11%、7.32%。

6.2　玉米价格变动对吉林省农民家庭经营性收入影响实证分析

6.2.1　模型选择

本节选择格兰杰因果关系检验方法，检验玉米价格与吉林省农户家庭经营收入增长之间是否存在因果关系。格兰杰因果关系检验是指两个经济变量 X、Y 在时间序列情形下：若变量 X、Y 在包含了过去信息的条件下，对 Y 的预测效果要优于仅仅依靠 Y 的过去信息来对 Y 进行预测的效果，即变量 X 有利于对解释变量 Y 的未来变化的预测，则认为 X 是导致变量 Y 的格兰杰原因。

在进行格兰杰因果关系检验时，必须要确定所检验的时间序列具有平稳性，否则检验可能会出现虚假回归的问题。因此在进行格兰杰因果关系检验之前，必须先要对所检验的各指标时间序列的平稳性进行单位根检验。其中最常用的单位根检验方法是 ADF 检验。

$$\Delta y_t = c + \alpha t + \beta y_t + \sum_{i=1}^{p} Y_i \Delta y_{t-i} + u_i \qquad (6-2)$$

对式（6-1）而言，原假设 $H_0: \beta = 0$，根据 β 的 t 检验值判定是否接受原假设。若拒绝原假设，则说明时间序列 y_t 是平稳的。若 y_t 不是平稳的时间序列，则必须要对 y_t 进行协整，然后才能进行格兰杰因果关系检验。

在经过单位根检验之后，若 y_t 和 x_t 均是平稳序列，则可以进行下一步的格兰杰因果关系检验。根据之前介绍的格兰杰检验的基本思想，其检验方程可以被表述如下：

若有时间序列 y_t 和 x_t，

$$Y_t = \sum_{m=1}^{M} a_m y_{t-m} + E_{1t} \qquad (6-3)$$

$$Y_t = \sum_{m=1}^{M} a_m y_{t-m} + \sum_{m=1}^{M} b_m x_{t-m} + E_{2t} \qquad (6-4)$$

则残差平方和 $RSS_0 = \sum E_{1t}$，$RSS_1 = \sum E_{2t}$，构造 F 统计量

$$F = (RSS_0 - RSS_1) \frac{N - 2M - 1}{M \cdot RSS_1} \qquad (6-5)$$

其中，N 为样本，M 为滞后项个数。如果 F 的值在给定的显著性水平下大于临界值，则拒绝原假设 $H_0: b_1 = b_2 = \cdots = b_M = 0$，则认为 X_t 与 Y_t 之间存在因果关系，X_t 是 Y_t 的格兰杰原因。

6.2.2 数据说明

吉林省玉米价格和农民家庭经营总体变动趋势相近，都呈上升趋势，两者的相关系数为 0.96，存在高度相关性。玉米价格由 1982 年的 0.20 元/千克上升到 2015 年的 2.00 元/千克。期间发生过几次波动，1995 年由于国家实施最低粮价保护制度，吉林省玉米价格走高，达到 0.99 元/千克，此后玉米价格回

落，至 2000 年已达到最低水平，为 0.73 元/千克；2008 年之后受玉米临时收储政策的影响，玉米价格快速上涨，到 2014 年达到 2.24 元/千克，2015 玉米价格再度下降，为 2.00 元/千克。吉林省农民家庭经营收入在 1982～2015 年同样呈现不断增长的趋势，从 1982 年的 102.80 元增长到 2015 年的 7764.08 元，年均增长 31.18%，如图 6－5 所示。

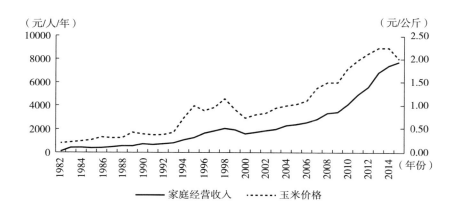

图 6－5　1982～2015 年吉林省玉米价格与农民家庭经营收入

资料来源：《吉林统计年鉴》（1983～2016 年）。

　　文中用 CP 表示玉米价格，用 IC 表示农民家庭经营收入，为了消除异方差的影响，对原始数据进行取对数处理，取对数后分别表示为 LnCP、LnIC。

6.2.3　实证分析

　　为了得到玉米价格与农民家庭经营收入之间的格兰杰因果检验，在进行格兰杰因果检验之前又需进行协整检验，来确定玉米价格与吉林省农民家庭经营收入这两个时间序列是否存在协整关系。

　　时间序列的平稳性是指时间序列的统计规律随着时间的位移而发生变化。当生成序列的随机过程是非平稳时，其均值函数、方差函数不再是常数，自协方差也不仅仅是时间间隔 t - s 的函数，一个变量对其他变量的回归可能导致为回归结果。在经济领域中，许多时间序列的观测值大都不是平稳过程产生的，所以经济变量的时间序列往往是非平稳序列，如玉米价格与农民家庭经营收入，所以在进行协整之前又需进行单位根检验。

6.2.3.1 单位根检验

单位根检验即通过检验序列中是否存在单位根，来确定是否存在单位根，若存在单位根则可以证明序列为非平稳时间序列。常用的单位根检验方法有DF 检验和 ADF 检验，但 DF 检验所设定模型时，假设随机扰动项 ε_t 不存在自相关，但大多数的经济序列数据是不能满足此项假设的，当随机扰动项 ε_t 存在自相关时，直接使用 DF 检验会出现偏差。为了保证单位根检验的有效性，本节选取了 ADF 检验 LnCP、LnIC、DLnCP、DLnIC 四个序列是否存在单位根。

运用 Eviews8.0 软件对 LnCP、LnIC、DLnCP、DLnIC 进行协整检验，并选取 5% 临界值，结果如表 6 - 5 所示：

表 6 - 5   吉林省玉米价格与农民家庭经营收入的 ADF 检验结果

变量	检验形式（C，T，K）	ADF 统计变量	5% 临界值	Prob 值	结论
LnIC	（C，N，2）	- 1.904982	- 3.562882	0.6279	非平稳
LnCP	（C，T，3）	- 2.954922	- 3.568379	0.1608	非平稳
DLnIC	（C，N，1）	- 10.49903	- 3.562882	0.0000	平稳
DLnCP	（C，N，1）	- 7.683022	- 3.568379	0.0000	平稳

注：检验形式中的 C 表示有常数项，T 表示有趋势项，K 表示滞后阶数，DLnIC、DLnCP 是 LnIC、LnCP 的一阶差分。

经过 ADF 单位根检验发现，LnCP、LnIC 的 ADF 统计变量绝对值小于其5% 的临界值，故而 LnCP、LnIC 为非平稳序列；在对 LnCP、LnIC 进行一阶差分后，其 ADF 统计变量的绝对值大于其 5% 的临界值，此时 DLnCP、DLnIC 服从一阶单整，为平稳序列。

6.2.3.2　Johansen 协整检验

LnIC、LnCP 经过差分后为平稳序列，可以进一步通过 Johansen 协整检验来确定 DLnIC、DLnCP 之间是否存在长期稳定的均衡关系。如表 6 - 6 所示，当滞后二阶时，即在 5% 显著性水平下存在协整方程，玉米价格与农民家庭经营收入存在长期稳定的均衡关系。两者之间存在着正相关性，玉米价格每波动 1%，农民家庭经营收入波动 0.7%，并得到协整方程为：

$$DLnIC_{(t-1)} = 0.760595 DLnCP_{(t-1)} + 0.038880$$

表 6 - 6　吉林省玉米价格与农民家庭经营收入的 Johansen 协整检验结果

协整序列	特征值	迹统计量	5% 临界值	Prob 值
None	0.567230	31.16138	15.49471	0.0001
At most 1	0.182221	6.034899	3.841466	0.0140

注：最大滞后阶数 P 的确定遵循 AIC 和 SC 准则。

6.2.3.3　格兰杰因果检验

Johansen 协整检验结果表明，吉林省玉米价格与农民家庭经营收入之间虽然存在协整关系，但却无法确定两者之间的因果关系。究竟是 DLnCP 是 DLnIC 的格兰杰原因，抑或 DLnIC 是 DLnCP 的格兰杰原因，或两者互为格兰杰原因，还需要进行下一步分析。格兰杰因果检验结果显示，在滞后二阶时，DLnCP 不是 DLnIC 的原因的概率小于 0.05，拒绝原假设；DLnIC 不是 DLnCP 的原因概率为 0.4515，接受原假设。表明玉米价格变动是农民家庭经营收入变动的格兰杰原因，而农民家庭经营收入变动不是玉米价格变动的格兰杰原因，玉米价格与农民家庭经营收入之间存在单向的格兰杰因果关系，即 DLnC 是 DLnIC 的格兰杰原因。

6.2.3.4　脉冲响应函数

脉冲响应函数分析方法可以用来描述一个内生变量对误差项所带来的冲击的反应，即在随机误差项上施加一个标准差大小的冲击后，对内生变量的当期值和未来值所产生的影响程度。根据 VAR 模型，得到 DLnIC 对来自 DLnCP 的脉冲响应函数。

表 6 - 7　吉林省玉米价格与农民家庭经营收入的格兰杰因果检验

包含的滞后期数	原假设	F 统计值	Prob 值	结论
2	DLnCP 不是 DLnIC 的原因	5.39384	0.0110	拒绝原假设
2	DLnIC 不是 DLnCP 的原因	0.81990	0.4515	接受原假设

由图 6 - 6 可知，吉林省农民家庭经营收入对来自玉米价格的冲击在初期反应敏感，第 1 期即开始持续上升，直到第 2 期达到了顶峰；在达到了顶峰之后转而下降，至第 3 期下降为 0，持续到第四期下降到最小值；在第 4 ~ 6 期开始小幅度回升，第 6 期回升至本阶段的最高点，转而下降；第 7 期之后，围绕 0 小幅度波动，并在第 10 期稳定为 0。这个变化具有以下波动特征：在前期波动幅度大且波动周期短，后期波动幅度逐渐变小，且周期变长，直至稳定到 0。

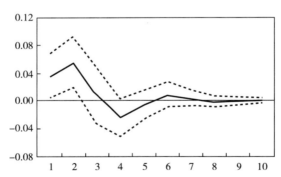

图 6 - 6　DLnIC 对来自 DLnCP 的脉冲响应函数

注：纵坐标轴表示影响程度，横坐标轴为响应期数。

对此现象的解释为：在反应初期，农民家庭经营收入受玉米价格的冲击较大，玉米售卖后农民家庭经营收入随之增加，并在第 2 期达到顶峰。然而，由于玉米售卖环节具有时效性，并不能贯穿农民玉米生产的始终，因此，在售卖环节结束时，售卖玉米所产生的收入对农民家庭经营收入的影响逐渐下降，并在第 4 期降到最低点。第 4～6 期，随时间的推移，玉米价格对农民家庭经营收入的冲击进一步减弱，农民家庭经营收入回归稳定。

通过单位根和协整检验可以发现，吉林省玉米价格与农民家庭经营收入之间存在正相关性和协整关系，即玉米价格与农民家庭经营收入的波动趋势一致。经过格兰杰因果检验可以发现，吉林省玉米价格与农民家庭经营收入存在单向的因果关系，玉米价格波动是农民家庭经营收入波动的格兰杰原因。脉冲响应函数进一步表明，玉米价格对农民家庭经营收入的短期影响程度大于长期影响。短期内玉米价格对农民家庭经营收入的影响较大；长期内，玉米价格对农民家庭经营收入的影响逐渐减弱，玉米价格上涨并不能在根本上提高农民家庭经营收入和改善生活水平。

6.3 玉米价格下降对吉林省农民家庭经营性收入的影响分析

农户作为玉米生产的微观主体，玉米价格下降势必会影响其家庭经营收入，从而影响其生产经营决策。欲优化现行政策的政策目标、提高政策实施的效果，必须首先明确因玉米收储政策改革所导致的玉米价格下降给农户带来的收益减少程度。因此，本章将从微观农户层面，对玉米价格下降对农民家庭经营收入的影响程度进行测算与分析。

6.3.1 数据来源与描述性统计分析

6.3.1.1 数据说明

在对农户满意度进行调查时，应当遵循科学、客观、真实以及可操作等原则来进行，应尊重事实，如实记录、收集、分析和运用材料，收集资料不带主观倾向。此次调研时间从 2016 年 8 月开始，已经完成五个县（市），分别为公主岭市、东辽县、洮南县、梨树县、农安县，在以上的五个县（市）中随机选出两个乡镇，最后在每个乡镇选出一个村，并在每村随机选取 15 名农户进行问卷访谈。访谈的主要内容包括玉米种植成本（物质要素投入、土地流转费用、劳动投入、机械化投入等）、玉米预期产量、玉米预期价格、玉米生产者补贴。为保证问卷调查的有效性与回收率，以直接入户的方式开展随机抽样调查。共发放问卷 300 份，其中有效问卷 289 份，样本有效率为 96.33%。并以此作为依据模拟计算 2016 年玉米价格下降后的吉林省农户家庭经营收入。

6.3.1.2 农户的基本特征

将实地调研的数据整理以后发现，被采访的农户具有以下特点：

从调查农户的基本情况来看，被访农户大多数是男性，占到了样本总量的 74.74%，被访女性占被访人数的 25.26%。

从年龄结构来看，年龄在 21~30 岁的被访农户，其人数占所有被访农户的 4.84%；年龄在 31~40 岁的被访农户，其人数占所有被访农户的 17.65%；年龄在 41~50 岁的被访农户，其人数占所有被访农户的 38.06%；年龄在 51~60 岁的被访农户，其人数占所有被访农户的 30.45%；41 岁以上被调查者所占比例为 77.9%。这部分调查户，一般中壮年为家庭的主要劳动力，且中壮年大多数为家庭当中的决策者，这在一定程度上保证了调查数据的准确性与有效性。

从收入构成来看，被访 289 位农户种植玉米产生的收入在家庭经营收入的占比达到了 94.84%。从受教育程度来看，被访农户为小学以下学历的有 11 人，占全部被访农户的 3.81%；被访农户为小学学历的有 164 人，占全部被访农户的 56.75%；被访农户为初中学历的有 96 人，占全部被访农户的 33.22%；被访农户为高中学历的有 23 人，占全部被访农户的 7.96%；被访农户为高中以上学历的有 6 人，占全部被访农户的 2.08%；被访农户大多数为小学、初中学历，占被访农户总人数的 89.97% ，总体受教育程度不高。

表 6-8　被调查户的基本特征

样本标志	样本描述	频数（个）	频率（%）
年龄	21~30 岁	14	4.84
	31~40 岁	51	17.65
	41~50 岁	110	38.06
	51~60 岁	88	30.45
	60 岁以上	26	9.00
性别	男	216	74.74
	女	73	25.26
受教育程度	小学以下	11	3.81
	小学	164	56.75
	初中	96	33.22
	高中	23	7.96
	高中以上	6	2.08

资料来源：通过实地调研所得。

6.3.2　玉米价格下降后农户家庭经营收入的模拟计算

根据调研问卷所涉及的项目，运用投入产出法来计算种植玉米的收益，通过玉米临时收储政策下的农民家庭经营收入和实行玉米生产者补贴制度下的农民家庭经营收入进行对比，以此来反映玉米价格下降对农民家庭经营收入的影响。

6.3.2.1　模拟计算公式

玉米是吉林省的重要粮食作物，其种植成本主要包括：物质要素费用（种子费用、化肥费用、农药费用）、土地流转费用、人工费用（雇工费用）、机械租赁费用（耕整土地、机播费用、打药费用、机收费用、水电灌溉费）。种植玉米的收入主要是售卖玉米产生的收益，由玉米产量和玉米价格决定。

玉米临时收储政策取消导致玉米价格下降，为了稳定农民的种粮收益，出台了玉米生产者补贴制度。在实际调研当中发现，玉米生产者补贴制度是通过土地确权之后的种植面积进行补贴，间接提高了玉米的价格。在向农户询问玉米生产者补贴制度的时候，农户多数回答没有听说过玉米生产者补贴制度，而把生产者补贴的补贴资金称之为玉米差价补贴。所以，在计算被访农户的家庭经营收入时，把玉米生产者补贴的补贴资金和粮食直补资金算作农户出售玉米所获得的收益。

家庭经营收入是指农村住户以家庭为生产经营单位进行生产筹划和管理而获得的收入，农村住户家庭经营活动按行业划分为农业、林业、牧业、渔业、工业、建筑业、交通运输业、邮电业、批发业、零售贸易业、餐饮业、社会服务业、文教卫生业等。本章为了研究玉米价格对农民家庭经营收入的影响，将农民家庭经营收入分为两个部分，第一部分是由种植玉米而来的家庭经营收入，第二部分是其他家庭经营收入。在设计问卷和实地调研时，详细询问种植玉米的成本收益情况，其他性质的家庭经营收入获得准确的总体数字即可。

计算公式如下：

（1）玉米临时收储政策变革为玉米生产者补贴制度对农民家庭经营收入的影响 = 玉米临时收储政策下的农民家庭经营收入 - 玉米生产者补贴制度下农民家庭经营收入

（2）玉米临时收储政策下的农民家庭经营收入 = 出售玉米数量 × 玉米价格 + 其他行业获得的家庭经营收入 + 粮食直补资金 - 物质要素费用（种子费用、化肥费用、农药费用）- 土地流转费用 - 雇工费用 - 机械租赁费用（耕整土地、机播费用、打药费用、机收费用、水电灌溉费）

（3）玉米生产者补贴制度下农民家庭经营收入 = 出售玉米数量 × 出售玉米价格 + 其他行业获得的家庭经营收入 + 玉米生产者补贴资金 + 粮食直补资金 - 物质要素费用（种子费用、化肥费用、农药费用）- 土地流转费用 - 雇工费用 - 机械租赁费用（耕整土地、机播费用、打药费用、机收费用、水电

灌溉费）

6.3.2.2　模拟计算要点

首先计算玉米临时收储价格政策下的生产成本和玉米售卖收益的总额，其次对实行玉米生产者补贴制度下的玉米成本和玉米售卖产生的收益情况进行估算，最后对比实行玉米临时收储价格政策和玉米生产者补贴制度下的农民家庭经营收入情况。

第一，生产费用划分清晰。对玉米临时收储价格政策下和玉米生产者补贴制度下的玉米成本进行核算时，要明晰各个部分，不要重复累加。例如在计算玉米成本时，收获玉米采用雇佣收割机的方式，此时的雇佣往往是连人带机械的雇佣方式，需注意人工费用与机械费用是一同计算的，不能将费用记作机械费用的同时，也记作人工费用，避免重复计算。

第二，玉米产量估算准确。调研时间选在了 2016 年 8 月，此时的玉米还没有收割，因此要估算 2016 年的玉米产量，进而确定被访农户 2016 年种植玉米的收益。在确定 2016 年的玉米产量时，采取的是被访农户预估的方式。在估计玉米产量的过程中，由被访农户参照往年的生产情况并结合当年的气候条件与灾害的发生程度进行估算，尽量做到估算结果的准确。在 2016 年 12 月对一些农户进行了电话回访，发现被访农户估算的玉米产量与当年的实际产量相差不大，保证了估算结果的可靠性，使下一步得以进行。

第三，补贴标准要一致。在实际调研中发现，不同地区的玉米生产者补贴标准有一定的差别，公主岭市与农安县的玉米生产者补贴金额相差达到 800 元/公顷，但每个村子内的补贴标准是一致的，在进行模拟计算时，要特别注意补贴金额的异常值，确保数据真实准确。有的农户回忆 2015 年的数据较困难，就要参照同地区的补贴标准进行修正。

6.3.2.3　玉米价格下降前的农户家庭经营收入计算

依据公式：玉米临时收储政策下的农民家庭经营收入 = 出售玉米产量 × 玉米价格 + 其他行业获得的家庭经营收入 + 粮食直补资金 − 物质要素费用（种

子费用、化肥费用、农药费用）－土地流转费用－雇工费用－机械租赁费用
（耕整土地、机播费用、打药费用、机收费用、水电灌溉费）。

以梨树县太平乡南太平村某被访农户为例，其在玉米临时收储政策下的农
民家庭经营收入＝出售玉米数量（12500 千克）×玉米价格（1.6 元/千克）＋
其他行业获得的家庭经营收入（0 元）＋粮食直补资金（3400 元）－物质要
素费用（7350 元）－土地流转费用（0 元）－雇工费用（0 元）－机械租赁
费用（1000 元）＝15050 元。

6.3.2.4　玉米价格下降后的农户家庭经营收入模拟计算

依据公式：玉米生产者补贴制度下农民家庭经营收入＝出售玉米数量×出
售玉米价格＋其他行业获得的家庭经营收入＋玉米生产者补贴资金＋粮食直补
资金－物质要素费用（种子费用、化肥费用、农药费用）－土地流转费用－
雇工费用－机械租赁费用（耕整土地、机播费用、打药费用、机收费用、水
电灌溉费）。

仍然以梨树县太平乡南太平村某被访农户为例，其在玉米生产者补贴制度
下的家庭经营收入＝出售玉米数量（12500 千克）×玉米价格（1.04 元/千
克）＋其他行业获得的家庭经营收入（0 元）＋粮食直补资金（3400 元）＋
玉米生产者补贴资金（3000 元）－物质要素费用（7350 元）－土地流转费用
（0 元）－雇工费用（0 元）－机械租赁费用（1000 元）＝11050 元。

玉米临时收储政策变革为玉米生产者补贴制度对农民家庭经营收入的影
响＝玉米临时收储政策下的农民家庭经营收入（15050 元）－玉米生产者补贴
制度下农民家庭经营收入（11050）＝4000 元。

6.3.3　计算结果分析

经过计算发现：梨树县太平乡南太平村某被访农户其玉米临时收储政策下
的农民家庭经营收入为 15050 元，玉米生产者补贴制度下农民家庭经营收入为
11050 元，玉米降价后农民收入减少额度 4000 元，减收 26.58%。依据上面的

计算方法步骤，对 289 份有效问卷进行了计算，汇总如下（见图 6 - 7）：

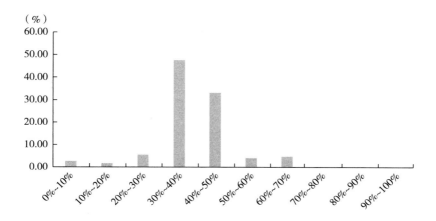

图 6 - 7　被访农户家庭经营收入减少幅度占样本总量的比重

资料来源：笔者收集整理。

经过整理发现：被访农户家庭经营收入减少幅度占样本总量的比重图，呈现由中间向两边递减的趋势。被访农户家庭经营收入减少幅度居于 30% ~ 40% 的比重最大，达到了 47.75%，其次是家庭经营收入减少幅度居于 40% ~ 50% 的群体，占样本总量的 33.22%，两者共占据样本总数的 80.97%。除家庭经营收入减少居于 30% ~ 50% 之外，其他减少幅度共占据 19.03%，其中家庭经营收入减少幅度居于 10% ~ 20% 的占样本总量的 1.73%，家庭经营收入减少幅度居于 20% ~ 30% 的占样本总量的 5.54%，家庭经营收入减少幅度居于 50% ~ 60% 的占样本总量的 4.15%，家庭经营收入减少幅度居于 60% ~ 70% 的占样本总量的 4.84%。

家庭经营收入减少幅度居于 30% ~ 50% 的占样本总量的 80.97%，共 234 个样本，这部分主要是受到了玉米价格下降的影响，导致 2016 年农民家庭经营收入降低；家庭经营收入减少幅度居于 0% ~ 10% 的占样本总量的 2.77%，共计 8 个样本。这 8 位被访农户 2016 年家庭经营收入相比 2015 年不仅没有减少，反而有所增加，因为 2015 年农安县大面积遭受旱灾，导致玉米减产，2015 年的玉米价格虽然较高，但是玉米产量较低，因而 2015 年的玉米收益低于 2016 年。家庭经营收入减少幅度居于 10%～30% 的占样本总量的 7.27%，共计出现 21 次，这是由于农户出售玉米时间早于一般农户，其卖价相对较高，因而家庭经营收入减少幅度较小；家庭经营收入减少幅度居于 50%～70% 的占样本总量的 9.00%，共有 26 个样本，这部分被访农户的收入损失较大，是因受到灾害天气的影响发生减产，导致家庭经营收入大幅度降低。

通过模拟计算得出结论：玉米临时收储政策变为玉米生产者补贴制度，导致玉米价格大幅度下降。经过对玉米生产者补贴制度下的农民家庭经营收入模拟计算，发现：刨除自然灾害的影响因素，多数家庭经营收入减少幅度居于 30%～50%，玉米价格下降对当期农民家庭经营收入影响较大。立足玉米产业发展的角度，要促进吉林省玉米产业可持续发展可遵循以下建议：

（1）大力提升优势产区玉米产业竞争力。实施优势区与非优势区玉米产业差异化发展政策，加大对玉米优势产区的投入，加强农业基础设施建设，提高玉米综合生产能力。鼓励龙头企业带动基地种植适宜加工转化的专用品种，优势产区调优调精，引导种植农户与从事饲料生产、畜禽养殖、粮食精深加工的龙头企业做好对接，实行专业化生产，分品种收购、储运，实现优质优价，提高玉米种植的收益水平。推动玉米产业化经营，做强玉米产业体系，在优势产区推动玉米产业集群集聚，发展产后加工、物流，延伸产业链，围绕玉米打造产加销一体化的优势主导产业，提升产业竞争力，真正把优势产区调优调强，在全球玉米产业发展中形成竞争优势。

（2）加快培育市场流通存储主体。临时收储政策改革后，国有粮食购销企业的政策性收购退出玉米流通市场，需要新的主体承担玉米流通和储运的职能。因此应积极支持私营粮食购销企业和加工企业进入玉米流通市场。鉴于农产品属于季节性收购，全年销售，占用资金数量大，多数农产品购销和加工企业缺乏充足的流动资金，应完善信贷支持政策，对龙头企业入市收购玉米给予贴息贷款或低息贷款等支持，解决龙头企业在玉米收储中存在的流动资金短缺问题，保证其在农产品集中上市季节入市收购，避免玉米集中上市期间出现卖粮难问题。同时，支持在玉米产区发展新型流通方式，利用互联网发展网上粮店、粮食银行，支持农民合作组织开展存储业务。

（3）着力构建玉米价格形成机制。构建有效的玉米价格形成机制既是保持玉米产业稳定发展的内在要求，也是保障当地农民收入的现实需要。一方面，应充分发挥大连玉米期货市场对现货价格的引导作用，支持玉米流通企业、加工企业和农民合作社以期货价格为基准价格，适当参与期货市场开展套期保值。另一方面，在玉米产区培育一批具有较好市场意识的农产品购销和加工企业，发挥其在农产品价格形成中的导向作用，引导形成合理有序的产品价格。鼓励玉米流通贸易企业、加工企业共同组建产业联盟，维护行业秩序，强化行业自律，避免价格过度波动。在玉米上市集中季节，政府主管部门应强化玉米市场形势分析，及时向社会发布市场供求、购销价格等相关信息，发挥对玉米市场的导向作用。

（4）巩固强化玉米加工转化能力。加工能力和水平是影响玉米产业竞争力的关键因素。因此，在东北地区应放松对玉米精深加工的限制，提高主产区玉米的加工转化能力，既能够消化玉米库存，还可以缓解主产区长期直接输出原粮带来的农民收入和经济发展巨大压力。鼓励和引导东北玉米产区发展玉米深加工企业，继续实施地方现有的玉米加工补贴政策，支持企业加大研发投入，开发新产品新工艺，拓展产品增值空间，培育一批具有国际先进水平的大型玉米深加工企业，提升东北地区玉米产业在国际玉米产业中的地位和影响。支持玉米深加工企业开发主食产品，发展中央厨房，开展品牌创建，提升玉米深加工企业的市场竞争力，引领玉米产业健康持续发展。

（5）完善玉米产业主体利益联结机制。鼓励龙头企业牵头组建农业产业化联合体，带动家庭农场和农民合作社形成更加紧密和稳定的组织联盟，发挥各自的优势和作用，推动各种主体协同协作，做大做强东北玉米产业。通过联合体带动，推动农业以生产导向转变为以需求导向，按照龙头企业加工需求发展优质专用玉米，充分发挥东北地区自身资源优势，增强玉米产业竞争力。

（6）健全农民收入保障机制。借鉴九三集团和大连商品交易所等公司合作开展的"保险＋期货"模式，探索对玉米、大豆以及蔬菜等产品开展收入保险政策，将现行的农业保险由自然灾害扩大到市场价格，并引入期货公司在期货市场进行套保，为农民提供有效的风险防范体系，保障农民持续稳定增收。

第7章 非农就业与吉林省农民工资性收入

7.1 问题的提出

农民收入问题一直是学术界关注的焦点。收入的增长能够有效改善农民的生活水平。随着工业化、城镇化的持续深入，非农产业发展的速度远远大于农业，城市部门对农村剩余劳动力的吸纳能力不断增强。在农业部门，农民依靠土地要素获取的收入难以维持家庭生计，不得不转移到城市部门，以便于获取更高的工资性收入。中国农民的非农就业比例不断增加，家庭收入结构趋于多样化。根据相关资料统计，工资性收入已成为农民增收的最大贡献因素。在当前国家经济下行压力加大的形势下，农民的工资性收入进一步增长有较大难度。2019 年，农民人均可支配收入将增加到 1.6 万元，其中农民人均工资性收入将突破 6500 元。吉林省农民工资性收入由 2014 年的 1937.65 元增加到 2018 年的 3521.59 元，占可支配收入的比重由 17.97% 增长到 25.61%。从数据观察，2014~2018 年吉林省农民工资性收入占可支配收入的比重增长幅度不大。实际上，吉林省农民依靠非农就业获取工资性收入依然存在诸多的制约因素与不利条件。现阶段，吉林省农民人力资本积累不足、掌握的非农技能有限以及与城镇居民不均等的工资待遇是造成吉林省农民工资性收入增长受限的主要原因。那么，如何改善吉林省农民在城镇非农就业状况，以促进工资性收入稳定增长值得深入讨论。

　　学术界关于农民工资性收入有着深入的研究。农民工资性收入主要来源于劳动雇佣，既有在本地乡镇企业就业的工资收入，又包括外出务工获得的工作报酬。随着城镇化推进，工资性收入正日益成为农民收入的主要来源。尤其是在经济相对发达的东部农村，不论是从发展速度还是从结构比例来讲，工资性收入已经成为农民增收的主要推动力量（李向宇等，2017）。2019年中央一号文件指出，要稳就业、促增收，进一步挖掘农村就业潜力，让农民工资性收入再上台阶。然而，农民在城镇就业获取工资性收入受多方面因素的影响，农民工资性收入依旧处于较低水平。工资性收入的取得是农民自身发展能力和外部环境综合作用的结果。农民自身发展能力与农民的自身素质、家庭平均健康水平、受教育程度、技能水平的高低等非农就业能力密切相关。观察外部环境，工业化、城镇化水平、房价、城市规模、非农职业培训、农村基础设施建设水平、二三产业发展水平等因素对农民工资性收入影响较大。劳动力流动是农民人均工资性收入及份额提高的重要途径，增加地区的农民人均工资性收入份额是改变城乡收入差距空间格局的重要手段。城市务工机会的增加，工资水平稳步提升，为农民工资性收入增长奠定了坚实的基础。面对农民工资性收入增长驱动力不足，不少学者也提出了一些对策。通过加快城镇化进程、缩小城市技能工资差距和大力投资人力资本，农村非农产业扩容，进一步提高农民的工资性收入，缩小与城市居民的收入差距。

　　现有文献针对农民工资性收入的研究已取得丰硕的成果，不过在非农就业领域一系列的变量还存在研究的空间。本章着重考量非农就业相关核心变量对吉林省农民工资性收入的影响。为此，本章利用2017年中国流动人口动态监测调查的数据，采用倾向得分匹配（PSM）模型，实证分析非农就业对吉林省农民工资性收入的影响方向与作用路径，为政府提高农民工资性收入提供决策参考。

7.2　分析框架与研究假说

7.2.1　分析框架

家庭联产承包责任制确立初期，土地是农民生存和获取收入的主要载体。改革开放初期，城市部门为农村劳动力提供的非农就业岗位十分有限。那么，非农就业的不足导致农民无法转移到城市部门，农民只能被束缚在农村土地从事农业生产，依靠家庭经营性收入作为家庭收入主要来源。过去，非农就业吸纳能力的不足，一方面制约经济的发展，另一方面抑制农民工资性收入的增长。随着城镇化、工业化的深入，城市经济迅速发展，为二三产业的孕育和成长提供了良好的环境。我国东部沿海城市吸引了大量的劳动密集型产业投资落地，为农业剩余劳动力向城市部门转移奠定了基础。改革开放后，农村劳动力大量转移进入非农产业，非农就业人口快速增加。我国就业人员由 1978 年的 40152 万人增加到 2018 年的 77586 万人，增加了 37434 万人，增长幅度 93.20%。其中，我国第一产业就业人员由 1978 年的 28318.0 万人下降到 2018 年的 20257.7 万人，下降了 8060.3 万人；我国第二产业就业人员由 1978 年的 6945.0 万人增加到 2018 年的 21390.5 万人，增加了 14445.5 万人；我国第三产业就业人员由 1978 年的 4890.0 万人增加到 2018 年的 35937.8 万人，增加了 31047.8 万人。从数据可以表明，我国二三产业的就业人员数量增长十分明显。究其原因，城镇化、工业化的迅速发展，非农就业的比较优势吸引了大量农村青壮年劳动力外出务工。农民是理性的"经济人"，以经济效益最大化为目标。当非农就业的期望收益大于在家务农的收益，农民会选择外出务工。农民进入城市后，收入结构发生明显变化，由家庭经营性收入转变为工资性收入，工资性收入逐渐成为家庭收入的主要来源。根据相关年鉴统计，吉林省农

民工资性收入由 2004 年的 457.80 元增长到 2018 年的 3521.49 元，增加
3063.69 元。吉林省农民工资性收入占纯收入（可支配收入）的比重由 2004
年的 15.26% 增长到 2018 年的 25.61%，增长缓慢。

表 7-1　2004~2018 年吉林省农民工资性收入情况　　　　单位：元

年份	工资性收入	纯收入 （可支配收入）	比重
2004	457.8	2999.6	15.26%
2005	511.0	3264.0	15.66%
2006	605.1	3641.1	16.62%
2007	711.3	4191.3	16.97%
2008	810.2	4932.7	16.43%
2009	869.0	5265.9	16.50%
2010	1072.1	6237.4	17.19%
2011	1469.2	7510.0	19.56%
2012	1792.0	8598.2	20.84%
2013	1813.23	9621.21	18.85%
2014	1937.65	10780.12	17.97%
2015	2097.36	11326.17	18.52%
2016	2363.14	12122.94	19.49%
2017	3018.33	12950.44	23.31%
2018	3521.49	13748.17	25.61%

资料来源：《吉林统计年鉴》（2005~2019 年）。

　　一般而言，良好的教育可以促进农民获得工资性收入。舒尔茨（1964）
认为以教育为主要内容的人力资本对经济发展有重要作用，而经济发展与收入
又有内在影响机制，教育对农民获得收入的作用显著。所以，人力资本积累是
农民工资性收入提高的基本前提，有利于掌握非农劳动的技能，提高农民的工
作效率，能给农民带来显著的经济收益。吉林省农村拥有大量的劳动力资源，
但是农民自身文化素质不高，受教育程度普遍偏低。同时，农民对自身人力资

本的后期投资意愿也不高。如此一来，农民在非农就业上出现竞争力缺乏的问题，从而影响了农民工资性收入。

非正规就业的发展无论是在合理配置劳动力资源，还是在吸收就业、缓解就业压力方面都体现出极强的正向作用。事实上，农民进入城市部门，通常只能在非正规部门务工，工作强度较大，工资水平不是很高。根据《2019 年农民工监测调查报告》统计，2019 年从事第二产业的农民工比重为 48.60%，其中从事制造业的农民工比重为 27.40%，从事建筑业的农民工比重为 18.70%。2019 年农民工月均收入 3962 元。城市非正规部门的劳动合同制度不健全以及雇佣关系不严谨，甚至在雇佣环节上不完整，农民关于非农就业没有任何保障，自身的权益得不到很好的维护。即使有部分单位与农民签订了书面协议，但协议本身的内容等并不规范，导致农民被迫离开工作岗位。解除劳动合同时不赔偿相关的经济补偿金，这也损害了劳动者的合法权益，农民的工资性收入也会受到影响。而且在现实社会中，存在不少拖欠农民工资的案例。所以，劳动合同可以有效保障农民获得合理工资性收入权益。现阶段，农民普遍反映在城市寻求就业难度处于不断增加的趋势，大多数农民进城务工，主要通过亲戚朋友介绍。所以，就业难度的增加对农民工资性收入产生负面影响。

农民收入增长中最大的贡献来自劳动力转移，即农业劳动力转到非农产业。农民要想获得工资性收入，首先得有非农就业的机会，只有找到工作后，才有可能获得工资性收入。基于收入最大化目标，不少农民会选择跨省寻求非农工作。东部沿海地区经济较为发达，各地区民营私营企业数量较多，工资性收入水平较高。而吉林省经济发展缓慢，可以为农民提供的就业岗位并不多。吉林省农民可以通过跨省寻求非农就业机会，增进自身的工资性收入。而且，农民在城市的务工时长也会影响工资性收入。农民在城市部门务工时间较长的话，可以有效掌握城市劳动力市场的信息，积累较多的工作经验和人力资本，成为高收入者的可能性会增加。

7.2.2 研究假说

研究假说1：农民受教育程度越高，非农技能水平越高，获取工资性收入的机会就会增加。

研究假说2：不同的就业单位性质对农民获取工资性收入存在一定影响。农民从事的就业部门越正规，对农民工资性收入越有促进作用。

研究假说3：农民与非农就业单位签订劳动合同可以保障工资性收入。

研究假说4：在城市部门就业难度增加的情况下，农民获得非农就业机会的可能性就会下降，不利于获得稳定的工资性收入。

研究假说5：农民流动范围在省外的话，获得工资性收入的可能性就会大为增加。

7.3 数据来源与变量描述

7.3.1 数据来源

本章数据来源于国家卫生健康委员会组织实施的中国流动人口动态监测调查。调查涵盖了全国除港澳台地区外的31个省（自治区、市）和新疆生产建设兵团的流动人口数据，样本总量为169989个。根据本章的研究需要，选择了吉林省的4000个样本，剔除了城镇户籍的居民，并对各变量的缺失值、错误值处理后，基准样本中包含的观测值为1950个。

7.3.2 变量描述

（1）工资性收入。工资性收入主要包括三方面：一是农民在非企业中的从业收入，二是在本地企业中的从业收入，三是本地常住农村人口在外地的从业收入。本章对吉林省农民收入进行考察。在中国流动人口动态监测调查中，询问了受访农民"您个人上个月的工资收入"，本章对吉林省农民工资性收入取对数处理。

（2）非农就业。非农就业是农户工资性收入的重要决定因素。结合本章的分析框架，以及中国流动人口动态监测调查主要包括农民现在的主要职业、现在就业的单位性质、与目前工作单位（雇主）签订的劳动合同种类、农民感觉找工作的难度变化以及流动范围。综上所述，本章从 5 个维度考量非农就业对吉林省农民收入的影响。①就业身份，主要是样本的主要职业，主要有制造业、建筑业、批发和零售业以及居民服务、修理和其他服务业。农民从事服务员赋值"0"，商贩赋值"1"，专业技术人员赋值"2"，公务员赋值"3"。②劳动合同，与目前工作单位（雇主）是否签订劳动合同，没有签订合同赋值"0"，签订合同赋值"1"。③就业难度，指的是近两年感觉找工作的难度变化，难度减少赋值"0"，难度不变赋值"1"，难度增加赋值"2"。④流动范围，主要包括市内跨县，省内跨市，跨省，市内跨县赋值"0"，省内跨市赋值"1"，跨省赋值"2"。

（3）资源禀赋。农民在农村的资源禀赋主要包括承包地和宅基地。①承包地，指的是农民在户籍地老家是否有承包地，没有赋值"0"，有赋值"1"。②宅基地，指的是农民在户籍地老家是否有宅基地，没有赋值"0"，有赋值"1"。

（4）社会保障。社会保障由社会保险、社会救济、社会福利、优抚安置等组成。本章社会保障变量主要指的是农民是否参加新型农村合作医疗以及是否参加城镇职工医疗保险，不参加赋值"0"，参加赋值"1"。

（5）代际关系和城市住房。代际关系指的是农民在城市同住的家庭成员数量。城市住房主要有两个变量，住房类型和住房成本。①住房类型，农民住房的性质，主要包括自购商品房、租住私房、自购小产权住房等类型。②住房成本，指的是过去一年农民在本地平均每月住房支出。

表 7 - 2　变量描述性统计

变量	变量名称	变量含义	均值	标准差	最小值	最大值
因变量	工资性收入（Y）	上一期工资收入	8.05	0.59	3.91	10.31
个体特征	年龄（X_1）	样本的岁数（25 岁及以下 = 0，26 ~ 35 岁 = 1，36 ~ 45 岁 = 2，46 ~ 55 岁 = 3，56 ~ 65 岁 = 4，66 岁及以上 = 5）	2.10	1.10	0	5
	性别（X_2）	样本的性别（男 = 1，女 = 0）	0.58	0.49	0	1
	受教育程度（X_3）	样本的受教育程度（小学及以下 = 0，初中 = 1，高中 = 2，大专 = 3，大学及以上 = 4）	1.24	0.89	0	4
	健康状况（X_4）	样本的健康状况（不健康 = 0，基本健康 = 1，健康 = 2）	1.75	0.49	0	2
	婚姻状况（X_5）	样本的婚姻状况（未婚 = 0，离婚 = 1，已婚 = 2）	1.58	0.79	0	2
资源禀赋	承包地（X_6）	老家是否有承包地（否 = 0，是 = 1）	0.58	0.49	0	1
	宅基地（X_7）	老家是否有宅基地（否 = 0，是 = 1）	0.33	0.47	0	1
社会保障	农村医疗（X_8）	是否参加新型农村合作医疗（否 = 0，是 = 1）	0.72	0.45	0	1
	城镇医疗（X_9）	是否参加城镇职工医疗保险（否 = 0，是 = 1）	0.07	0.25	0	1
代际关系	家庭规模（X_{10}）	同住的家庭成员数量	2.69	1.02	1	7
城市住房	住房类型（X_{11}）	样本住房的性质（单位住房 = 0，租房 = 1，自建房 = 2，自购小产权房 = 3，自购保障性住房 = 4，自购商品房 = 5）	2.33	1.87	0	5
非农就业	就业身份（X_{12}）	样本的主要职业（服务员 = 0，商贩 = 1，专业技术人员 = 2，公务员 = 3）	0.83	0.76	0	3
	劳动合同（X_{13}）	是否签订劳动合同（否 = 0，是 = 1）	0.64	0.48	0	1

续表

变量	变量名称	变量含义	均值	标准差	最小值	最大值
非农就业	就业难度（X₁₄）	感觉找工作的难度变化（难度减少 = 0，难度不变 = 1，难度增加 = 2）	1.11	0.34	0	2
	流动范围（X₁₅）	本次流动范围（市内跨县 = 0，省内跨市 = 1，跨省 = 2）	0.99	0.83	0	2

7.4　模型构建与实证结果分析

7.4.1　模型构建

基于上文的分析，建立模型研究非农就业对吉林省农民工资性收入的影响，具体公式如下：

$$y_i = \alpha + \beta x_i + \text{Controls} + \varepsilon_i \quad (i = 1,\ 2,\ \cdots,\ n) \tag{7-1}$$

式（7 − 1）中，y_i 是被解释变量，表示吉林省农民工资性收入，i 代表吉林省样本农民，α 为截距项，解释变量中，非农就业有就业身份、劳动合同、就业难度和流动范围。Controls 为控制变量，具体包括：个体特征（年龄、性别、受教育程度、健康状况和婚姻状况），资源禀赋（有无承包地和宅基地），社会保障（是否参加农村医疗和城镇医疗），代际关系（家庭规模），城市住房（住房类型和住房成本）。另外，对于模型内生性问题，可以利用倾向得分匹配（PSM）方法进行处理，有效减少这些偏差和混杂变量的影响，以便对实验组和控制组进行更合理的比较。

7.4.2　实证结果分析

本章使用计量分析软件 Stata15.0 对样本数据进行 OLS 回归分析。

表 7 - 3　OLS 回归模型结果估计

变量代码	回归系数	标准误差	T 值	P 值
X1	- 0. 0633	0. 01	- 4. 76***	0. 000
X2	0. 2467	0. 03	9. 86***	0. 000
X3	0. 0511	0. 02	3. 29***	0. 001
X4	0. 1651	0. 03	6. 32***	0. 000
X5	0. 0397	0. 02	2. 01***	0. 045
X6	0. 0186	0. 03	0. 70	0. 487
X7	0. 0177	0. 03	0. 63	0. 527
X8	0. 0046	0. 03	0. 15	0. 880
X9	- 0. 1270	0. 05	- 2. 33***	0. 020
X10	- 0. 0003	0. 01	- 0. 02	0. 982
X11	0. 0417	0. 01	5. 99***	0. 000
X12	0. 0323	0. 02	1. 91**	0. 056
X13	0. 1989	0. 03	7. 42***	0. 000
X14	- 0. 1794	0. 04	- 4. 82***	0. 000
X15	0. 0125	0. 01	0. 83*	0. 407
C	7. 5518	0. 09	82. 43	0. 000

注：***、**和*分别表示在1%、5%和10%统计水平上显著。

实证结果表明，非农就业对吉林省农民工资性收入的影响存在显著关系。

受教育程度对农民工资性收入的影响显著。受教育程度对农民工资性收入的增加存在积极效应。受教育程度是农民人力资本的基础，而人力资本的积累会影响农民的工资性收入水平。尤其是农民进入城市部门后期的人力资本积累，包括政府、社会和企业组织的非农劳动技能的培训，以及农民自身的人力资本投资。人力资本积累能够提高农民自身的劳动技能，促进工作效率的提升，有助于促进农民工资性收入的上升。

就业身份对农民工资性收入的影响呈正比关系。现阶段吉林省农民在非正规部门就业的人数较多，基本上是服务业。当前服务业的工资水平较正规部门的工资水平要低，而且，非正规部门的就业稳定性普遍较低，进而会影响农民工资性收入。而正规部门对于农民而言，进入门槛过高，形成不平等的就业市场。

劳动合同的签订对农民工资性收入的影响呈正比。农民与就业单位签订劳动合同，能够使农民工资性收入得到显著提升。不与农民签订劳动合同，企业能够从中获得更为有利的经济利益。随着市场经济的发展，城市部门的劳动力市场制度逐渐完善，通过劳动合同间接影响农民工的劳动报酬水平。劳动合同是提升农民工工资收入的重要工具，通过签订劳动合同能够较好地保障农民工资性收入水平。劳动合同对于提高吉林省农民工资性收入越来越重要。

就业难度对农民工资性收入的影响符合研究假说。吉林省劳动密集型产业较少，吸纳劳动力的能力依然不足。吉林省民营经济仍旧处于"爬坡期"，经济发展的停滞不前间接影响了农民工资性收入水平的提高。加之，吉林省是农业大省，是中国极其重要的粮食主产区，农民拥有土地资源禀赋，主要依靠粮食生产获取收入。在实际调研中，不少农民反映在城市部门寻求就业机会依然严峻。农民工作流动频繁，这意味着他们非农就业的不稳定性，加大了农民外出就业的成本，无法保证工资性收入的增长。

流动范围对农民工资性收入存在正面影响。农户外出非农就业主要有本地非农就业和异地非农就业。根据相关资料记载，截至 2019 年 11 月末，吉林省城镇新增就业 36.96 万人，吉林省农村劳动力转移就业 413.87 万人。从中国流动人口动态监测调查数据显示，吉林省大多数农民选择本地非农就业。究其原因，吉林省农民将更多的精力和劳动力配置于农业生产经营，在省内从事非农就业可以兼顾农业生产。农民认为转移到省外，面临很多风险，获取就业信息的途径受阻。所以，农民选择省内非农就业的话，其工资性收入水平不是很高。本地非农就业的农民比异地非农就业的农民工资性收入水平要低。

7.5　倾向得分匹配的稳健性分析

为进一步探讨非农就业对吉林省农民工资性收入的影响，解决模型内生性问题，倾向得分匹配方法的基本思想是找到与实验组相似的控制组样本，从而降低样本自选择偏误。为此，本章运用倾向得分匹配方法（PSM）将非农就业与吉林省农民工资性收入的影响进行稳健性检验，建立实证模型：

$$y_i = \begin{cases} y_{1i}, & 若D_i = 1 \\ y_{0i}, & 若D_i = 0 \end{cases}$$

$$y_i = (1 - D_i)y_{0i} + D_i y_{1i} = y_{0i} + (y_{1i} - y_{0i})\,D_i \qquad (7-2)$$

利用虚拟变量$D_i = \{0, 1\}$表示农民是否拥有非农就业，0 表示农民没有非农就业，1 表示农民拥有非农就业。本章将样本分为实验组（非农就业）和控制组（未非农就业）。匹配方法主要有最近邻匹配、半径匹配和核匹配。之后，进行匹配效果的检验，倾向匹配方法估计反事实收入要满足以下两个前提条件：其一是条件独立性，其二是共同支撑条件。为保障匹配效果的有效性，一是保障处理组农户样本通过倾向值相识度都能和对照组农户样本相配对；二是通过检验匹配的平衡性分析实验组与控制组农民样本在匹配变量上是否相同或相似，若差异显著则表明本次配对结果不够理想。最后，根据倾向得分估计拥有非农就业农民的反事实收入，并且与其真实收入水平进行比较，测算实验组样本与控制组样本的平均收入差异，即为非农就业农民的平均处理效应（ATT），则可以得到非农就业对吉林省农民工资性收入的效果。

倾向得分匹配之前需要进行平衡性检验，Pseudo R^2、LR 统计量、评价标准偏差作为平衡性检验的标准，评价标准偏差通过数值体现，数值越小越好。在未匹配之前，标准偏差为 7.2，偏差显得较大；通过最近邻匹配，标准偏差降至 3.1，而半径匹配以及核匹配的效果更加适宜，标准偏差分别降为 1.5 和

0.6。平衡性检验结果显示，匹配结果稳定，符合倾向得分匹配的要求。

表 7 - 4　倾向得分匹配前后的平衡性检验

匹配方法	Pseudo R^2	LR 统计量（P 值）	评价标准偏差
未匹配	0.06	501.37（0.000）	7.2
最近邻匹配	0.005	42.91（0.08）	3.1
半径匹配	0.012	87.63（0.000）	1.5
核匹配	0.001	4.52（1.000）	0.6

　　非农就业倾向得分匹配结果表明，实验组和控制组在匹配完成之后，最近邻匹配、半径匹配、核匹配 3 种匹配结果 ATT 值分别是 0.33、0.29 和 0.22，最近邻匹配、半径匹配以及核匹配均是在 1% 的水平下显著。通过以上稳健性检验的结果，进一步解释了非农就业的重要性。工业化、城镇化的持续推进，为城市部门创造了大量的非农就业机会。农民可以凭借非农就业，增加工资性收入，缩小与城市居民的收入差距，对于实现乡村振兴举措和脱贫攻坚具有重要意义。

表 7 - 5　非农就业倾向得分匹配（PSM）结果

匹配方法	指标	实验组	控制组	差距（ATT）
最近邻匹配	非农就业	7.56	7.89	0.33 ***
半径匹配	非农就业	7.66	7.95	0.29 ***
核匹配	非农就业	7.30	7.52	0.22 ***

注：***表示在 1% 统计水平上显著。

7.6　研究结论

　　本章利用中国流动人口动态监测调查数据，实证分析非农就业对吉林省农民工资性收入的影响，研究发现以下几个结论：

（1）受教育程度、劳动合同和就业难度对吉林省农民工资性收入的影响在1%的水平上显著，符合研究假说。农民受教育程度越高，有助于人力资本积累，更有效地掌握非农技能，促进工资性收入的增加。农民与非农就业单位签订劳动合同有利于保障农民就业的合法权益，提高非农就业的稳定性，有助于获得稳定的工资性收入。非农就业难度不断增加，导致农民在城市部门寻求就业机会的空间缩小，不利于提高吉林省农民的工资性收入。

（2）就业身份对吉林省农民工资性收入的影响在5%的水平上显著，符合研究假说。农民在城市正规部门就业有助于获得较高的工资性收入。

（3）流动范围对吉林省农民工资性收入的影响在5%的水平上显著，符合研究假说。

吉林省经济发展缓慢，不利于农民获得较高的工资性收入。要提高吉林省农民工资性收入，需要在以下几个方面着手：

（1）提升教育质量，加快人力资本积累。

要夯实基础教育，加大农村教育投资，实现教育资源和机会均等化。加快人力资本积累，优化人力资源配置，提升农民素质和职业技能水平。重视农民从事非农就业后期的培训，迫切需要加强农民在城市部门的技能培训力度，定期组织农民技能培训，开展多种形式的有特色、有针对性的职业教育和技能培训活动。发挥人力资本积累的作用，以便促进农民工资性收入。

（2）加强劳动合同的签订，保障农民的合法权益。

政府要督促用工单位必须依法与农民工签订劳动合同，全方位介绍合同的细节，农民要主动了解《劳动合同法》，提升对劳动合同的认识，切实维护自身的合法权益。发挥工会的作用，依靠工会进行维权和谈判，提升工资待遇水平。推行适当的激励政策和强制法规，保障农民工资性收入水平，维护社会经济和谐稳定地发展。

（3）完善非农就业服务体系，增加就业获取的机会。

拓宽非农就业市场的信息渠道，不断增加非农就业的岗位，优化就业环境、扩大就业岗位。在输入地和输出地之间创建劳务对接平台，提供就业服务，让农民就业有门路，求职有信息。建立健全有利于农民流动、城镇人口返乡创业的激励机制，促进引导返乡农民就地就近就业、创业。延长城乡服务型企业产业链，不断增加非农就业岗位，引导农民合理求职，为农民提供充足的就业机会。

（4）推进就业市场均等化，提升非农就业的公平性。

健全城乡劳动者平等就业制度，形成就业市场均等化，进一步缩小城乡居民在享受公共服务上的差距。在城市部门就业的农民应当享受同等的就业服务及同工同酬的待遇，尤其是增加非正规部门的工资待遇。加快建立城乡一体的人力资源市场，健全城乡劳动者平等就业制度，形成就业市场均等化，进一步缩小城乡居民所享有的在公共服务方面的差距。政府、企业和个人必须形成合力共同打造农民工非农就业保障体系，尽快建立和完善农民工资增长机制，建立城乡平等的就业和收入分配制度，保障农民工资性收入。

（5）要积极培育发展新动能，鼓励和引导发展转移就业。

要大力推动农业转移人口在城市落户，减少从事农业的农村劳动力数量。针对吉林省粮食主产区的优势，推动农村一二三产业融合发展，支持发展农产品的粗加工、精深加工、休闲农业和乡村旅游，积极推广新业态、新模式。劳动部门要充分发挥职能作用，引导农民外出转移就业，提高非农化程度。引导农民根据技能水平差异，选择与自身相匹配的城市、区位和部门就业，地方政府要不断增强乡镇企业的发展能力和劳动力的吸纳能力，提供更多的资源和服务，满足农民非农就业的诉求，以便于获得更多的工资性收入。

第8章　粮食主产区农民收入
支持政策评价

农民二三产业收入处于上升趋势，但与家庭经营收入相比，无论是绝对量还是相对量，依然处于低位是现阶段粮食主产区农民收入的主要特征。这主要是受两方面的作用，一是农民的内因，二是国家发展状况。国家政策的不断调整也会作用于农民四种收入来源结构。不同的经济发展阶段，国家惠农政策的侧重点也不同，但均能够提升农民收入，促进农村经济健康发展。本章基于20世纪90年代以来粮食主产区主要的农民收入支持政策，在对于总体评价的基础上，重点评价玉米临时收储政策，从不同的角度来考察其实施情况，发现其中的问题，探寻解决问题的措施。

8.1　粮食价格支持与补贴政策

8.1.1　粮食价格支持政策

粮食价格支持政策的发展主要分为五个阶段：第一阶段是统一保护阶段（1990～1993年），第二阶段是指定保护阶段（1994～2003年），第三阶段是主要品种保护阶段（2004～2007年），第四阶段是临时收储阶段（2008～2016年），第五阶段是价补分离阶段（2016年至今）。1990年7月，国务院出台

《关于加强粮食购销工作的决定》，规定各省份按国家规定的粮食量上交后，农民手中的余粮根据个人计划处理。若计划出售，那么国家通过协商的价格买入。1993 年 2 月，国务院出台《关于建立粮食收购保护价格制度的通知》，阐述了粮食收购保护价格政策的内涵，具体包括原则、范围。粮食收购价格政策顺利实行，国家需要安排大量的财政支出，为此衍生出了粮食风险基金制度。涉及的新作物是水稻，但水稻的种类较多，因此具体对早籼稻、中晚籼稻、粳稻的价格水平分别作了规定。政府在资金来源、粮食安置点、执行主体等方面做充分的保障工作，使粮食收购价格政策稳步实施。1994 年，中国农业发展银行成立，以满足粮食购入的资金需求，为国家重大战略的实施提供支撑。1994 年 5 月，国务院出台《关于深化粮食购销体制改革的通知》，明确省级领导的责任与义务。1995 年，为了把粮食购销价格政策能更有效地落到实处，要求各省省长要完成本省的粮食增长任务。1999 年，我国粮食的供给量和需求量发生了基本扭转，之前一直是处于供给量小于需求量的状态，而后供给量和需求量基本持平。同时，有一些年份出现"有余粮"现象。而同期，作为我国主要粮食作物之一的水稻却产生了很多问题，具体表现在品种较差、无处安置、购入资金不足等方面。因此国家调整了相关政策，即减少粮食收购价格政策所包含的粮食作物种类。

随着市场经济的深入发展，国家对粮食的保护政策也逐渐发生变化。2004 年开始，国家根据实际的国情，调整成粮食最低保护价收购政策。具体就是在每年年初，公布主要粮食品种的国家最低收购价格。如表 8 - 1 所示，从品种上看，白小麦、红小麦、混合麦、早籼稻、中晚籼稻、粳稻的最低收购价格均在升高。2006 年，白小麦最低收购价格为 1.44 元/千克，2015 年增长为 2.36 元/千克，后又降至 2.30 元/千克。2006 年，红小麦和混合麦的最低收购价格为 1.38 元/千克，2015 年增长为 2.36 元/千克。2004 年，早籼稻的最低收购价格为 1.40 元/千克，2015 年增长为 2.70 元/千克，2018 年降至 2.40 元/千克。2004 年，中晚籼稻的最低收购价格为 1.44 元/千克，2015 年增长为 2.76

元/千克，2018 年降至 2.52 元/千克。2004 年，粳稻的最低收购价格为 1.50
元/千克，2015 年增长为 3.10 元/千克，2018 年降至 2.60 元/千克。粮食价格
持续性走高，农民收入和粮食产量同步实现增长。2004～2017 年，我国粮食
产量出现了十四连增的局面，2017 年我国粮食产量增长到 66160 万吨，但
2018 年出现了下降，但减幅不大，降到 65789 万吨。

表 8 – 1　粮食价格支持政策基本情况

年份	小麦最低收购价格 （元/千克）			稻谷最低收购价格 （元/千克）			玉米临时收储价格 （元/千克）		
	白小麦	红小麦	混合麦	早籼稻	中晚籼稻	粳稻	辽宁	吉林	黑龙江
2004	—	—	—	1.40	1.44	1.50	—	—	—
2005	—	—	—	1.40	1.44	1.50	—	—	—
2006	1.44	1.38	1.38	1.40	1.44	1.50	—	—	—
2007	1.44	1.38	1.38	1.40	1.44	1.50	—	—	—
2008	1.54	1.44	1.44	1.54	1.58	1.64	1.52	1.50	1.48
2009	1.74	1.66	1.66	1.80	1.84	1.90	1.52	1.50	1.48
2010	1.80	1.72	1.72	1.86	1.94	2.10	1.82	1.80	1.78
2011	1.90	1.86	1.86	2.04	2.14	2.56	2.00	1.98	1.96
2012	2.04	2.04	2.04	2.40	2.50	2.80	2.14	2.12	2.10
2013	2.24	2.24	2.24	2.64	2.70	3.00	2.26	2.24	2.22
2014	2.36	2.36	2.36	2.70	2.76	3.10	2.26	2.24	2.22
2015	2.36	2.36	2.36	2.70	2.76	3.10	2.00	2.00	2.00
2016	2.36	2.36	2.36	2.66	2.76	3.10	—	—	—
2017	2.36	2.36	2.36	2.60	2.72	3.00	—	—	—
2018	2.30	2.30	2.30	2.40	2.52	2.60	—	—	—

资料来源：笔者收集整理。

粮食价格支持政策能够有效地激励农民继续从事农业生产，进而提高农民
的收益，实现国家粮食稳定的目标。随着粮食价格支持政策的逐步深入，其弊

端逐步显现。例如，由政府定价弱化了市场的作用，违反了市场均衡规律。以吉林省为例，玉米临时收储价格一直居高不下，无形中改变了农业的种植结构，很多原本不种植玉米的地方，受临储价格水平高的影响，均改种玉米，致使玉米耕种面积不断增加，而其他品种不断减少，种植结构失调。而且玉米种植扩展到生态较为脆弱的地方以及湿地保护的地方，对这些地方的生态环境极为不利。同时，我国粮食年产量不断增加，但国外的粮食价格相对较低，粮食进口数量不断增加，最终形成粮食的生产量、进口量以及库存量"三量齐增"的矛盾格局。从农业种植品种来看，大豆、大米、玉米净进口量均呈现逐年上升的趋势，同时国内玉米价格与到岸价格相比，仍然处于高位，造成许多以玉米为原料生产主产品的企业面临入不敷出或者倒闭的境况。玉米临时收储价格一方面提高了农民的收益，另一方面却造成以玉米为原料的企业经营停滞。与国家玉米销售价格相比，国内玉米价格过高，加上我国要遵守 WTO 农业补贴规则，补贴比例不能过高，因此农民第一产业收入增长乏力。与农业收入直接相关的就是农业成本，这些成本主要包括农资、雇工、土地流转资金、运输费用，它们均在不断攀升，这样仅仅以粮食保护价格以及农业补贴的方式达到促进农民收入增长的目标，是不可取的。

粮食价格支持政策的未来改革道路主要有两条：一是建立粮食支持价格退出机制，让粮食价格根据粮食市场上的供给量和需求量决定。那么建立粮食保护价格退出机制是有双向作用的，有利的方面表现在加工企业和畜牧业等经营主体，减少他们的生产成本，同时粮食随行就市，那么政府的财政负担就会大大减轻。不利的方面可想而知，即大幅度减少农民的第一产业收入，最终增强了农民耕种的消极性，而且来自国际的市场风险包括美国及欧盟等国家的高效农业生产、美国及日本等国家的高政府补贴，都会促使我国农业发展下行，最终危害国家粮食安全。二是推行目标价格政策。就是政府不直接干预农产品的市场价格，而是先规定目标价格。如果农民销售粮食时，销售价格高于目标价格，那么农民就可以随行就市，获取收益，若销售价格小于目标价格，那么农民就可以获取两者之差的补贴资金，当然这部分补贴资金还是由政府来发放的。实际上，国家先规定的目标价格，但这个价格并不是给农民的补贴价格，而是会促使农民的生产行为发生转变，进而影响了农民的粮食供给量，间接地影响了粮食市场价格，但农民的销售价格还是由粮食市场的供给量和需求量调节。这样就弥补了第一条路径的不足，既达到了增加农民收入的目的，又可以降低加工企业以及畜牧业的经营费用，进而提高利润。

8.1.2　粮食补贴政策

2004 年，国家不征收除烟叶税外的农业特产税，启动取消农业税试点工作，提高粮食直接补贴的水平。到 2006 年，农业税完全退出农业发展的历史，减轻了农民的负担，而且村级三项提留和五项乡统筹以及农村教育集资等费用也均被废除。2006 年，全国良种补贴资金为 40.7 亿元，粮食直补资金为 145 亿元，全国农机具购置补贴资金 6 亿元。粮食补贴政策的意义就是增强农民继续耕种土地的信心，促使粮食不断增产，提高农民的收入水平，保证国家粮食的安全性。2006 年，为了使农民在农业生产过程中减小生产成本，国家推行农业生产资料综合补贴政策。国家对粮食补贴的财政支出不断上升。2017 年，种粮农民的良种补贴、粮食直补和农资综合补贴，统称为农业支持保护补贴，而且对种粮大户、家庭农场、农民合作社等新型经营主体会提高补贴水平。

粮食补贴政策的实施，提高了农民的转移性收入。但任何事情都具有两面性，粮食补贴政策也一样，其有利性表现在增强了农民继续耕种土地的信心，促使粮食不断增产，提高了国家粮食的安全性。随着农村经济的发展，粮食政策的弊端逐渐凸显。粮食补贴政策的不利性主要表现在两个方面：一方面是粮食补贴水平处于低位。这主要是和美国、日本等国家相比较而言的，美国政府补贴占农民收入的 40%，日本政府补贴占农民收入的 60%，而我国的农业补贴占农民收入的比重不到 4%，因此我国粮食补贴水平和美国、日本相比相距甚远。2006 年，国家全面取消农业税，这极大地减轻了农民的负担，后续推行的各种补贴政策，均促进了农业的发展，但其促进作用空间较小。实际上，农民也是理性经济人，在比较了农业收入和非农业收入后，会发现非农业收入远远高于农业收入，耕种土地的机会成本较大，继续耕种土地表现出来的弊端促使很多农民兼业化，转变为主要从事非农产业。同时，粮食补贴政策没有侧重点，达不到补贴预计效果。另一方面是粮食补贴具有很强的利润性，不具有生态性。我国粮食补贴政策增强了农民继续耕种土地的信心，促使粮食不断增产，从而提高了农民的收入，利润性很强，但在农业生产中，很多农民一味地通过毁林等手段扩大耕地面积，通过大水漫灌、化肥农药增量等不当方式增加粮食产量，造成当地的生态环境恶化，农业发展的可持续性受限。因为粮食补贴政策没有将利润性和生态性结合，导致农民只追求自身利益，而破坏生态环境，加上农民的素质普遍较低，没有保护环境的意识，最终阻碍了农业的稳定发展。

粮食补贴政策改革需要把提高农民收入和保护生态环境结合起来，保证农业发展具有可持续性。这主要通过两条路径：一条路径是提高粮食补贴水平，分层次进行粮食补贴。根据各省的情况不同，适时改变粮食补贴的品种和区域，逐步提高补贴水平。提高职业农民特别是专业大户、农民合作社和家庭农场等新型农业经营主体的补贴水平。对于生态环境方面，国家要制定农业生态环境补贴政策，确定各省份的补贴水平，提高农业生态环境方面的财政支出，提高农民的农业生态环境保护意识，既能够增加农民收入，又能够保护环境，实现双向目标。另一条路径是完善粮食补贴的布局。我国的农业基础设施较差，无法为农业进一步发展助力。因此，需要提高农业基础设施修缮和补贴水平，为实现农业的高水平发展奠定基础。实际上，高质量的农业基础设施可以增强农业的抗灾性，减弱因洪水、干旱等自然灾害对农业的破坏程度。所以，必须及时完善粮食补贴的布局，实行对农业的多元化补贴。各地都要积极维护修缮农业基础设施建设，国家对这些响应国家政策的地区，适度提高奖励补贴比例，以激发政府或者农民的积极性。对于产粮大县、干旱区、生态脆弱区，国家需要建立完善的喷灌、滴灌节水设施，并且提高农业补贴的水平。还要提高农业保险的补贴水平，农业生产不仅遭受着自然风险，还面临着市场风险，即农民对大风、冰雹这些自然灾害的抵抗力很弱，市场上的价格也无法控制，而提高农业保险补贴水平，可以保证农民的收入水平波动幅度不会过大。

8.2 玉米临时收储政策

玉米是我国的主要饲料原料和工业加工的重要原料，目前已发展成为我国播种面积和产量最大的粮食作物。为促进玉米产业健康发展、保持市场稳定、促进农民增收，近年来国家强化了对玉米宏观调控政策工具的运用，核心内容是通过实施玉米临时收储政策，加强对玉米生产的引导和刺激作用，以满足日益增长的消费需求，保持国内供需基本平衡，平抑价格波动。本部分在分析我国玉米临时收储政策主要内容的基础上，对政策执行情况和调控效果进行评价。

8.2.1 玉米临时收储政策出台背景

临时收储政策是 21 世纪以来，继粮食最低收购价政策之后我国又一项为稳定粮食和其他重要农产品生产而出台的农业宏观调控政策。2004 年以来，我国针对水稻和小麦两个主要口粮作物出台了最低收购价政策，但对玉米、大豆、油菜籽、棉花、食糖等其他关系国计民生的重要农产品缺乏有效调控政策。2007 年，我国玉米获得丰收，新玉米上市后，价格持续走低。国家玉米临时收储政策是在国内外玉米市场剧烈震荡的情况下出台的。2008 年，国际市场经历了一轮大起大落。多年来供求矛盾的积累导致全球库存持续下降，在投机炒作和各国面对食物价格上涨纷纷采取市场管制政策的作用下，国际玉米价格开始飙升，直至金融危机全面暴发而暴跌回原处。与国际市场的大起大落相比，国内玉米市场波动程度要小得多。一方面，由于国内玉米连续多年增产，供给充足。2004～2008 年，我国玉米连续 5 年增产，与 2003 年相比增产幅度近 40%。特别是 2008 年产量达到 1.66 亿吨，明显超过市场需求量。另一方面，受下游需求增长缓慢、国家限制玉米深加工行业发展等因素影响，玉米价格持续走低，出现了区域性、阶段性农民卖粮难问题，农民增产不增收。随着 2008 年 9 月新玉米的逐步上市，价格下行压力在市场上开始表现，而同期国际市场玉米价格正处于加速下跌过程中。为此，国家在东北地区采取玉米临储托市收购政策，以解决玉米阶段性供大于求矛盾，调控市场供需平衡，实现"丰吞欠吐"，即供大于求时将多余部分收进临储环节，供不应求时及时抛售，平衡供需。

8.2.2　玉米临时收储政策内容体系

我国玉米临时收储政策的主要内容包括以下几个方面：

玉米临时收储政策的执行区域为黑龙江、吉林、辽宁和内蒙古三省一区。收购执行期间一般为新粮上市至次年 4 月底。

临时收储玉米价格由国家有关部门在政策出台时发布，收储价格根据玉米生产成本的变化情况以及合理的种植效益确定。由于成本刚性上升，收储价格呈逐年上升态势，内蒙古和辽宁的玉米收购价格从 2008 年的 1520 元/吨上升到 2014 年的 2260 元/吨，涨幅为 48.68%；吉林的玉米收购价格从 2008 年的 1500 元/吨上升到 2014 年的 2240 元/吨，涨幅为 49.33%；黑龙江的玉米收购价格从 2008 年的 1480 元/吨上升到 2014 年的 2220 元/吨，涨幅为 50.00%。2015 年收储价格首次下调，三省一区玉米收购价格均下降到 2000 元/吨。临储收购时间一般是到次年 4 月 30 日，具体收购情况见表 8 - 2。

表 8 - 2 2008～2015 年临储玉米收购价格及收购数量情况表

单位：元/吨，万吨

年份	收购价格						收购数量合计
	公布时间	内蒙古	辽宁	吉林	黑龙江	年比增减	
2008	2008 年 10 月 20 日	1520	1520	1500	1480	—	3320
2009	2009 年 11 月 27 日	1520	1520	1500	1480	0	45
2010	2011 年 1 月 17 日	1820	1820	1800	1780	300	850
2011	2011 年 12 月 14 日	2000	2000	1980	1960	180	150
2012	2012 年 11 月 15 日	2140	2140	2120	2100	140	3083
2013	2013 年 7 月 3 日	2260	2260	2240	2220	120	6919
2014	2014 年 11 月 25 日	2260	2260	2240	2220	0	8329
2015	2015 年 9 月 17 日	2000	2000	2000	2000	-220～260	2670

注：①临储价格为国标三等。②2015 年收购数量为截止到 12 月 5 日数据。
资料来源：根据国家粮食局历年发布的国家临储玉米收购价格数据整理所得。

临时收储政策的执行主体为国家指定的收购企业，包括中储粮总公司及其分公司、中粮集团公司、中国华粮物流集团公司和各省省级地方储备粮公司等。同时，为了引导关内企业到东北地区采购粮食，国家在某些年份还鼓励南方销区部分地方储备粮公司和加工企业到东北产区收购，并对在执行期间到东北产区按不低于临时收储价收购粮食的企业给予一定的费用补贴。企业按临时收储价格收购所需贷款，由农业发展银行按照国家规定的最低收购价和合理收购费用及时足额发放。贷款利息、收购保管费用，地方储备粮公司发生的由省级人民政府从粮食风险基金中列支，不足部分可向中央财政借款，中储粮总公司发生的由中央财政拨付。所需补贴费用在粮食入库并经中储粮公司审核验收合格后，由财政部向中储粮下达。临时存储玉米实行顺价销售原则，在粮食批发市场或网上公开竞价销售，销售底价按最低收购价加收购费用和其他必要费用确定。销售盈利上交中央财政，亏损由中央财政负担。

8.2.3　玉米临时收储政策实施效果

玉米临储政策的作用机制是通过国家粮食储备的吞吐来调控玉米市场，供过于求时实施收储，供不应求时进行抛售。政策实施以来，国家累计实际收购临储玉米数量达到约 1.5 亿吨，其中在市场比较低迷的 2008/2009 年度、2012/2013 年度、2013/2014 年度和 2014/2015 年度收储量都超过了 3000 万吨，2014/2015 年度收储量达到创纪录的 8329 万吨。从实际效果来看，玉米临时收储政策对玉米市场产生了巨大影响，托市政策有效解决了国内玉米再平衡问题，调动了市场积极性，取得了正面效果，但是，近年来临储政策表现出明显的"政策市"特征，政策实施过程中的矛盾也日益凸显，整个玉米产业链条扭曲发展。

8.2.3.1　玉米临时收储政策产生的有利影响

实行玉米临时收储政策的主要目的包括三方面：保护农民收益、促进生产发展、保持市场稳定。从执行效果来看，这三个方面的政策目标得到了较为充分的实现。

（1）促进了玉米生产持续发展。

玉米临时收储政策的出台和完善，特别是临时收储价格的逐年提高，有力调动了农民生产积极性，刺激了玉米生产持续稳定发展。2008～2014 年，我国玉米播种面积从 29864 千公顷增加到 37076 千公顷，增幅达 24.15%，单产由 5556 千克/公顷提高到 5817 千克/公顷，增长 4.70%，总产由 1.66 亿吨增加到 2.16 亿吨，增幅 29.99%。玉米面积占全国粮食面积的比重由 27.96% 上升到 32.93%，产量占粮食总产的比重由 31.38% 上升到 35.53%，分别提高了 4.97、4.15 个百分点，玉米对全国粮食增产的贡献率达到 60.1%。特别是执行玉米临时收储政策的东北三省和内蒙古，2008～2014 年，玉米面积增加了 38.15%，产量增加了 45.03%，占全国玉米面积和总产的比重分别由 35.97%、39.21% 上升到 39.97%、43.75%，主产区的地位更加突出（见表 8-3）。

表 8 - 3　2008～2014 年我国玉米生产发展状况

年份	全国			东北产区		
	播种面积 （千公顷）	单产 （千克/公顷）	总产量 （万吨）	播种面积 （千公顷）	单产 （千克/公顷）	总产量 （万吨）
2008	29864	5556	16591	10741	6056	6505
2009	30252	5259	16397	11383	5302	6035
2010	32500	5454	17725	11994	5790	6945
2011	33542	5748	19278	12526	6393	8007
2012	35030	5870	20561	13515	6418	8675
2013	36318	6016	21849	14363	6701	9625
2014	37123	5809	21565	14839	6358	9434

资料来源：《中国统计年鉴》（2009～2015 年）。

（2）保护了农民利益。

玉米临时收储政策的实施，提高了农民销售玉米的价格，形成了粮价随成本增加而逐步上涨的机制，有效避免或缓解了农民"卖粮难"，种粮效益偏低的状况有了改观，农民种粮收益逐年提高，促进了农民收入持续增加。2014年，全国玉米现金收益达到 10928.85 元/公顷，比 2008 年增加 4677.45 元/公顷，增长 74.82%；玉米的现金收益为 71.13 元/50 千克，比 2008 年增加 26.88 元/50 千克，增长 60.75%（见表 8 - 4）。

表 8 - 4　2008～2013 年全国玉米现金收益变化情况　　　　　单位：元

	2008 年	2009 年	2010 年	2011 年	2012 年	2013 年	2014 年
每亩现金收益	416.76	462.11	584.42	686.04	730.79	680.69	728.59
每 50 千克玉米现金收益	44.25	52.17	62.72	70.83	72.39	67.98	71.13

资料来源：《全国农产品成本收益资料汇编》（2009～2015 年）。

（3）保持了玉米市场稳定。

玉米临时收储政策的实施，产生了明显的托市作用，对稳定玉米市场、平抑价格波动起到了至关重要的作用。2008 年以来，国内玉米供求关系基本平衡，市场运行平稳，价格稳中有涨，与国际价格经常大起大落相比，波动幅度明显较小。2008 年 1 月 ~2014 年 12 月，国内玉米产销区月均批发价格平均波动幅度分别为 1.6%、1.5%，而同期国际现货和期货月均价平均波动幅度分别达到 5.6%、6.3%，明显高于国内波动幅度。

8.2.3.2 玉米临时收储政策实施过程中的矛盾

国家玉米临储收购价格逐年刚性提高，定价机制缺乏弹性，价格偏离市场规律，扭曲市场供需关系，产生了以下一些方面的矛盾。

（1）粮食种植结构失衡。

玉米临时收储政策设计的初衷是体现"临时"的概念，收还是不收，什么时候开始，到什么时候结束，按照什么价格来收，需要根据市场情况来定。但是近年来玉米临储政策在实际运行中，从某种程度上已经偏离了政策设计的初衷，价格基本只升不降，数量也从一开始设计的有限收购变成了敞开式收购。与此同时，农民也逐渐形成了思维定式：无论市场需求如何变化，玉米都有国家收，种粮收益有保障。在这一思维模式的指导下，一些地区过于重视玉米种植，忽略其他农作物种植，使部分产区农作物种植结构和市场供应结构出现失衡。就东北地区的资源禀赋而言，粮食生产是其最大的优势，但就粮食内部结构而言，存在着玉米与大豆结构失调的问题。2008 年以后，在高位的玉米价格刺激下，玉米与大豆之间的结构失调进一步加重。国家统计数据显示，2008 年东北三省的玉米种植面积为 840.13 万公顷，2015 年增长到 1203.79 万公顷。同期，大豆种植面积由 467.45 万公顷减少到 266.9 万公顷。2008 年以来增加的玉米种植面积除了来源于新增耕地外，主要来源于大豆改种玉米的面积。农民多种玉米少种大豆的行为归根到底是利益选择的结果。玉米产量是大豆产量的 3.5 倍左右，而大豆的价格只是玉米价格的 2 倍左右。这种价格与产量的不对应关系，意味着玉米与大豆之间存在着显著的效益差。值得注意的是，2008 年以后，伴随着玉米价格的上调，玉米与大豆之间的比价呈现继续拉大的趋势（见表 8 - 5），这种拉大的趋势，正是导致大豆种植面积继续减少的原因所在。

表 8 – 5　玉米与大豆的比价关系

年度	2008	2009	2010	2011	2012	2013	2014	2015
比价	2.46	2.49	1.92	1.88	2.17	2.05	2.14	2.35

注：以玉米价格为1。

资料来源：根据国家粮食局历年发布的玉米临储价格数据和国家发改委历年发布的大豆目标价格数据整理所得。

（2）总体供给宽松与市场有效供给偏紧并存。

由于玉米连年丰收，而消费相对低迷，近年来，我国玉米总体呈现出阶段性供大于求的格局，社会期末库存总体呈增加趋势。根据国家粮油信息中心发布的数据，2014/2015 年度我国玉米消费为 3931 亿斤，比同期全国玉米产量低 381 亿斤。但另一方面，玉米临时收储政策实行敞开收购，使实际收储量远超过需求数量，大量粮源成为国家库存，并没有形成市场的有效供给，造成了新玉米收购季节结束后，社会商品余粮很少，农户、贸易商、加工企业库存普遍明显较低，市场粮源普遍较为紧张，特别是由于霉变率偏高，饲用玉米供给尤为紧缺，形成了总体供求形势宽松与市场有效供给不足并存的局面。

（3）玉米库存量不断增长。

临时收储政策的实施，使大量玉米进入国家库存，同时由于实行顺价销售原则，国家库存玉米只能以不低于原来收购的价格出售，在市场价格走高的情况下这是可以实现的，但近年来随着宏观经济下行压力加大，玉米消费相对低迷，玉米价格的表现也持续低迷，使国家库存玉米难以顺价销售。2012/2013年度国家收购临时存储玉米 3083 万吨，2013/2014 年度收储量达到 6919 万吨，两年合计达到 1 亿吨，自 2014 年 5 ~ 11 月国家累计投放了约 9790 万吨临储玉米进行拍卖，但因拍卖底价较高，在消费低迷、企业经营困难的情况下，加工企业难以接受，实际成交量只有 2583 万吨，成交率仅为 26.4%。由于临时收储的玉米需要财政支付收购、仓储等费用，大量库存积压不仅加大了国家财政负担，而且使各地库存爆满，仓容紧张。特别是东北产区收储能力满负荷运转，虽采取租用社会库容、临时做囤等方式收购，但库存压力依然很大，许多地方出现了收不进、调不动、销不出、储不下的局面。由于临储玉米出库价高，质量参差不齐，销售十分不畅，相关部门不得不把玉米从产区向销区进行跨省移库操作。这虽然缓解了一些产区仓容紧张的问题，但又造成很多销区玉米库存积累较多。更为重要的是，在市场需求持续低迷的情况下，加上很多原来传统的销区玉米产量逐渐提高，又让国内玉米市场贸易类库存逐渐累积起来，阻碍了玉米的正常流通，让市场机制无法发挥作用。据国家粮食局数据，截至 2015 年 8 月末，全国各类粮食企业玉米库存同比增加约 53%，其中临时存储玉米实际库存同比增加约 69%。必要的库存是国家粮食安全的保障，但是在库存粮食销售不畅，各地库存普遍爆满的情况下，新收上来的玉米如何安全储存也成了一个棘手的难题。一些地区的新粮只能露天储存，极易引起粮食品质变化和火灾。部分收储企业在没有空余仓容的情况下，采用非标准仓储粮，缺少机械通风、电子测温等设备，容易出现粮堆发热、结露、生虫、生霉甚至坏粮情况，安全储粮形势非常严峻。

（4）下游企业受到较大冲击。

由于玉米价格高，而下游消费低迷，玉米加工企业发展受到较大冲击，企业普遍经营困难，黑龙江、吉林等地出现了产品价格、玉米加工量、销售收入和利润"四降"的趋势，有的甚至亏损，限产、停产企业数量明显增加，许多企业不得不提前检修。据有关数据显示，每生产一吨淀粉亏损 200 元，一吨酒精亏损 150～200 元，玉米淀粉和酒精加工企业开工率分别低至 50%、40% 左右。饲料加工企业受原料成本高和下游养殖业低迷的双重挤压明显，产量呈下滑趋势。2014 年全国饲料总产量约为 1.84 亿吨，同比下降 5.07%。2015 年我国饲料总产量虽然突破了 2 亿吨，但猪料产量 8350 万吨，同比下降 3%。玉米经销企业同样面临困难局面。由于收购量大幅减少，小粮商、贸易商和大型经销企业的业务量和库存都明显降低。例如 2014 年 6 月，黑龙江贸易商手中的玉米库存同比下降50%以上。许多贸易商基本没有市场业务，仅靠参与临时收储玉米赚取国家补贴维持正常运转。

（5）国内外玉米价格倒挂严重，进口替代品大幅增长。

2008年，玉米临时收储价在0.75元/斤左右，但到2013年已经猛涨到1.12元/斤，上涨近60%。2013年上半年以前，国外玉米在我国南方港口的到岸税后价总体高于国内玉米价格。2002年3月～2013年6月的136个月中，国内外玉米价格出现倒挂的仅有18个月。但由于国际玉米价格持续大幅下滑，而国内价格相对稳定，自2013年7月至2014年11月，国内玉米价格连续17个月高于国外玉米到港税后价，价差从2013年7月的111元/吨扩大到2014年9月的近1000元/吨，创历史新高，价格倒挂常态化趋势明显。目前，玉米进口价和国内临储价格的差别仍达到500元/吨左右。若按照配额外65%的关税率计算，国际玉米的到岸税后价一度与国内南方港口价格基本一致。面对进口玉米的低价优势，国产玉米完全丧失市场竞争力，导致进口玉米连年增加，最高年份进口玉米突破500万吨（见图8-1）。进口玉米以其价格优势，不仅行销于我国南方玉米主销区，而且进入东北玉米产区市场。事实上，玉米临储价格在客观上不仅对国产玉米起到了"托市"的作用，也为进口玉米起到了"让市"的作用。

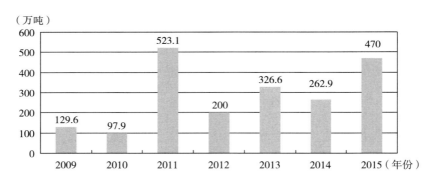

图8-1　2009～2015年我国玉米进口量

资料来源：根据中国海关统计数据整理所得。

此外，由于玉米价高，为控制成本，用粮企业被迫转向采购价格低廉的进口玉米替代品（例如大麦、高粱、木薯、DDGS 等），使用范围也从饲料原料领域进入制粉、酒精等食品领域，进口量节节攀升。2013 年中我国饲料用高粱进口开始快速增加，进入 2014 年中高粱进口进一步快速增加。如果按照玉米作物年度，2014/2015 年度高粱进口达到了 1016 万吨，较 2013/2014 年度 416 万吨暴增 600 万吨。进口高粱基本全部用于饲料行业，高粱基本可以按照 1∶1 替代玉米，巨量的高粱进口在 2014/2015 年度挤占了 1000 多万吨玉米的市场，而 2013/2014 年度增为 600 万吨。大麦的种壳较硬，粉碎过程颗粒偏大，加上大麦粉黏度偏大，不利于动物吸收，大麦在饲料行业使用较为受限，不能完全替代玉米，只可以用于部分替代，但巨大价差，加上国内饲料行业总量偏大，部分替代仍可以容纳大量的大麦进口。大麦可按照 1.1∶1 替代玉米，剔除 180 万~200 万吨发酵用大麦，2014/2015 年度大麦替代玉米数量为 700 万~715 万吨，较 2013/2014 年度新增替代 450 万吨。DDGS 主要作为蛋白原料替代豆粕、棉粕、菜粕等，另外 DDGS 含有一定的油脂，可以减少饲料加工中增加油脂数量，2014/2015 年度 DDGS 进口量为 561 万吨，较 2013/2014 年度 665 万吨减少了 104 万吨。DDGS 除了蛋白及油脂外还有一些其他能量物质可部分替代玉米，大量使用 DDGS 同样可以减少玉米用量，DDGS 在肉鸡料中用量最高可达到 15%。除此以外，还有木薯等其他替代品也在不断抢夺国产玉米的市场份额，这对国内玉米市场形成较大冲击。

（6）国家财政不堪重负。

2016 年，我国的国储玉米库存约达到 2.6 亿吨，大量的库存需要通过竞价拍卖来消化，但是临储玉米拍卖成交惨淡，有限的拍卖量对于巨大的库存来说是杯水车薪。据统计，2013/2014 年度临储玉米收购量为 6919 万吨，2014/2015 年度收购量为 8328 万吨，这两个年度玉米收购数量合计达到 1.52 亿吨，而 2014 年 5~11 月临储玉米拍卖期间共成交 2965 万吨（含 370 万吨进口临储玉米），2015 年 4~8 月临储玉米拍卖只成交了 383 万吨（含 14 万吨进口临储玉米)。高价收购的玉米不能低价赔本出售,最终只能由国家来兜底,财政的压力可想而知。据测算,2012 年玉米临储的财政资金成本为 610 亿元,到 2014 年激增至 1800 亿元,财政支出几乎涨了三倍,用于玉米储备的财政负担越来越重。巨大的粮食国储库存,不仅带来财政资金负担,同时也付出巨大的库存费用和利息费。玉米库存成本包括收购费 50 元/吨,做囤费 70 元/吨,保管费 92 元/吨,资金利息 100 元/吨。每吨玉米每年库存成本在 252 元。按此计算,目前 2.6 亿吨玉米需要付出的库存成本费用在 630 亿元。

(7)"生态透支"严重,影响粮食生产可持续发展。

粮食主产区在为国家提供巨额商品粮的同时,也出现了"资源透支"问题。具体表现在,玉米连作大量使用化肥,造成土壤有机质下降,土壤生态恶化。松辽平原的黑土地黑土腐殖质层厚度已由 20 世纪五六十年代的平均 60～70 厘米,下降到现在的平均 20～30 厘米,甚至更薄。目前,吉林省黑土腐殖质层厚度 20～30 厘米的面积占黑土总面积的 25% 左右,腐殖质层厚度小于 20 厘米的占 12% 左右,完全丧失腐殖质层的占 3% 左右。在世界各主要玉米产区,大多实行玉米—大豆连作和玉米秸秆还田,但在东北玉米带不仅没有实施玉米—大豆连作,而且也没有有效实施玉米秸秆还田。近年来主要是搞有限的根茬还田,替代了从前的"刨茬子"作业方式,并非玉米秸秆还田,还田的有机物难以满足土壤有机质更新的需要。随着玉米产量的提高,玉米秸秆量逐年增加,大量秸秆被烧掉,造成巨大环境公害。为解决玉米焚烧问题,国家财政支持搞了玉米秸秆工业化利用的方式,包括秸秆发电和造纸等。从其效果看,完全属于亏损补贴型项目,无法达到正常的商业化和产业化。据对吉林省的调查,某秸秆发电企业,一年亏损 2000 多万,国家补贴 2700 万,仅有的利润完全是靠国家补贴实现。吉林省工业化利用的秸秆数量十分有限,无法解决玉米秸秆过剩以及由此导致的秸秆焚烧问题。

2008 年以来,国家对玉米主产区实施的临时收储价格政策,类似于小麦和水稻的保护价收购。玉米临时收储价最高时为每千克 2.24 元,按临时收储价格收购的玉米实行顺价销售政策，致使产区玉米价格高于销区，出现产区和销区价格倒挂现象。临时收储价格的初衷是保护种玉米农民的积极性，这一目标已经达到了。但玉米与小麦、水稻不同，除不到10%的部分进入主食消费外，其余部分都要以原料形态进入畜牧业和加工业。因此，高位的玉米临时收储价格在保护种玉米农民利益的同时，却伤害了以玉米为原料的玉米加工企业、养殖企业和养殖户的利益。2014～2015年，吉林省的畜牧业和玉米加工业因玉米高价，蒙受了巨大损失。全省22户规模以上玉米加工企业在高成本的压力下基本都处于亏损状态。与此同时，畜牧业发展也面临着冲击，2014年吉林省农户养猪平均每头猪赔200～300元，其中固然有生猪市场供求失衡的问题，但也包含作为精饲料主体的玉米价格过高问题。过去吉林省畜牧业发展一直占据着玉米大省玉米价格相对便宜的优势，现在这个优势已经消失。玉米加工业和畜牧业是吉林省的重要产业，在增加农民收入、转移剩余劳动力方面发挥着重要作用。玉米临时收储价格政策旨在保护种玉米农民的利益，就其出发点而言，无可争议。但一项政策如果在释放正效应的同时也释放出较大的负效应，就应当考虑这项政策的可行性。事实上，玉米临时收储价格在保护农民利益的同时，不仅伤害了加工企业和养殖企业，也在不同程度上伤害了从事养殖业的农民和在玉米加工业从业的农民的利益。事实证明，玉米临时收储政策在客观上已经形成了"保一伤二"的双重效应。玉米临时收储价格除了造成下游产业的巨大成本压力外，还扭曲了我国玉米市场正常的供求关系和玉米的市场竞争力，形成供求市场的"背逆"现象：一方面玉米主产区造成巨额库存积压，另一方面又出现玉米大量进口。历史上我国是玉米净出口国，2010年后，转变为净进口国。2012年以后，玉米进口量已经超过500万吨。近几年玉米临时收储价格为每吨2240元，而美国二号黄玉米到岸价格只有每吨1900元，甚至更低。数百元的价差是吸引粮食企业进口玉米的根本原因，这种价格机制已经使本来竞争力不高的我国粮食生产进一步丧失了竞争力。

综上所述，玉米临时收储政策所产生的负面效应已经超过了正面效应，其对下游产业，对种植业结构，对生态资源环境所带来的种种负面影响，以及给国家财政带来的沉重负担，使这一政策难以为继，对玉米临时收储政策进行改革已经刻不容缓。2015 年秋粮上市之际，在国家连续 5 次提升玉米临储价格之后，首次下调玉米临储价格，将 2013~2014 年执行的 1.12 元/斤的玉米临储价格下降至 1.00 元/斤，释放了缩小玉米供给的信号。在 2016 年的中央一号文件中，国家提出对玉米收储政策进行调整，基本方向是实施"价补分离"的政策。2016 年 4 月，国家取消了玉米临时收储政策，决定实施"市场化收购"加"补贴"的新机制。由此，玉米临储政策走向终结。

第9章　粮食主产区农民增收路径选择

我国是人口及农业大国，粮食安全事关国计民生发展，保障粮食有效供给也是确保国民经济平稳运行的关键。多年来，13个粮食主产区粮食产量占全国的70%左右，粮食增产了占全国的80%左右，粮食商品粮占全国的95%以上，这为确保我国粮食安全奠定了坚实基础。农民是农业生产活动的基本组成单位和必要前提，充分调动农民种粮积极性是粮食生产的根本。农民作为理性经济人在农业生产中追求效益最大化，因此调动种粮农民积极性必须保证其收入的增加，可见促进粮食稳定增产的核心是农民增收。

9.1　粮食主产区的困扰与出路

粮食主产区粮食产量及商品率高，在保障我国粮食安全生产方面做出了巨大贡献。改革开放以来随着我国经济的快速发展和近些年对经济体制改革的不断深化，粮食生产在各生产部门的比较收益结构中处于低谷地位，农民通过种植粮食取得的收入增长比率相较于其他生产部门偏低，往往出现增产不增收的现象，一定程度上挫伤了种粮农户积极性，致使部分农户从农业产业流向二三产业，农业生产者老龄化、农村空心化的现象突出。此外，粮食经济为地区经济发展贡献能力有限，给部分粮食主产区的经济发展带来了沉重负担，形成了粮食越多，财政越穷的恶性循环。粮食生产的这种负效应，不仅限制了地方经济的全面发展，同时也阻碍了农业本身的进一步发展。如何使粮食主产区及早走出这种困境，这是实现农业稳定发展的一个重要问题，也是稳定农民收入的一大举措。

9.1.1 粮食主产区自然禀赋资源优势

我国13个粮食主产区包括辽宁、河北、山东、吉林、内蒙古、江西、湖南、四川、河南、湖北、江苏、安徽、黑龙江。这些省份在地理区位上大致可以分为东北地区、华北地区、华东地区和华中地区，以平原为主；而在气候上主要是亚热带季风性气候和温带季风性气候，雨热同期，适合粮食生长。优越的地理自然资源为粮食主产区的粮食生产提供了天然条件，是粮食稳产、增产的必要因素之一。13个粮食主产区的主要粮食作物是小麦、水稻、玉米、大豆、薯类，基本属于大田作物，产量较高、商品化程度高，保障粮食产量同时也成为主产区农民的主要收入来源。土壤方面，东北地区土质肥沃，地处世界闻名的黑土带，土壤表层有机质含量为3%~6%，高者达15%以上；华东、华北和华中地区，多处于或部分处于冲击平原地带，土质疏松且含有丰富有机质。土壤方面存在的显著优势为粮食主产区粮食生长提供了有利条件。在水资源方面，粮食主产区水资源较为充足，尤其是华东地区水网密集，形成了天然的自然优势。上述自然禀赋资源优势奠定了这13个省份的粮食主产区的地位，是我国粮食安全生产的重要保障。

9.1.2 粮食主产区面临的困境

粮食主产区具备得天独厚的粮食生产条件。改革开放前，生产力水平低、劳动效率不高使粮食产量在较低水平徘徊，自改革开放以来粮食产量总体保持持续上涨态势。随着农业投入的不断增加、农业科技的进步和农业机械化率的普及，使主产区粮食单产逐步提高，土地生产率在现有水平下几乎达到最高水平。1978~1992年，粮食主产区粮食产量增产11108万吨，同比上涨

52. 59%，年均增长 1. 95%，增长幅度显著。这段时期粮食产量的快速增长得益于家庭联产承包责任制在全国推行解放了生产力、激发了农户生产积极性，农户普遍精耕细作，粮食产量提高。1993～2001 年，粮食主产区粮食产量增产 2794. 17 万吨，增长幅度为 8. 63%，年均增长 2. 70%。这一时期较上一时期主产区粮食年均增长幅度有较大提升，原因主要是农业科技的进步使亩产水平提高，农业机器逐步应用于农业生产，提高了生产效率。2002～2018 年，粮食主产区产粮增产 20080. 46 万吨，增长幅度为 55. 29%，年均增长 1. 85%。这一时期我国农业科技水平进一步提升，机械化和农业规模化程度进一步加深，粮食生产向专业化转变。

改革开放四十多年来，粮食主产区为我国粮食生产做出了突出贡献，既保证了国内粮食的安全供给，同时也给粮食主产区农民带来了较为可观的收入，保障了农民收益的稳定性。然而，随着我国经济重心的转移及产业结构的调整，粮食主产区粮食生产经营环境发生了较大变化，经济效益降低，使部分产粮大省在富省裕民的道路上，步履维艰，粮食生产给地方经济的发展带来了种种困扰，主要表现在：

第一，投入高，农民收入下降。农民人均收入是一个综合性的指标，它从经济活动最终结果的角度反映农业经济活动效益含量。农户的效益表现在人均收入上，虽然人均收入不仅仅依靠农业收入，尤其是发达地区农业收入在农民收入中的占比更低，但同样可以反映出农业经济活动的效益含量。近年来主要粮食价格出现下行趋势，造成粮食增产不增收的现象。农业生产资料价格上涨幅度明显增大，致使粮食收入与种植成本的比价关系进一步拉大。尤其像玉米临时收储政策取消后，玉米价格大幅下降，给东北地区农户的收入带来较大影响。此外，粮食规模化生产对农户提出了更高要求，地租水平不断提高，机械投入加大，成为农民生产的主要成本，从投入与纯收入的关系看，粮食主产区的投入产出比近几年有所下降。

第二，补贴多，财政负担沉重。当前我国的主要粮食政策有最低收购保护价、玉米的价补分离政策和大豆的生产者补贴政策。伴随着粮食产量的增加，财政中用于粮食补贴的比重呈现逐年递增的趋势，粮食政策的运行给农民带来收益性的同时也增加了部分粮食主产区省份的财政压力。例如作为商品粮基地的吉林，与黑龙江和辽宁相比，吉林的财政收入分别是辽宁和黑龙江的33%和60%，而财政用于农业的支出却是辽宁的3倍、黑龙江的2.4倍。每至丰年，用于粮食经营的补贴更多，形成了粮食越是丰收，财政状况越不景气的恶性循环。用于农业的各项补贴构成了沉重的地方财政负担，削弱了地方财政对其他部门的扶持能力，制约了地方经济的发展。

第三，债务多，粮食生产负债运行。粮食主产区中除少数经济较为发达的省份，多数省份还处于"国家拿钱，农民种粮"的局面。投入农业的大量信贷资金沉淀，债台高筑。例如吉林省中部13个县中有8个县农民人均收入低于全省平均水平，拖欠逾期贷款6亿多元，占全省的50%，人均欠债82.44元，其中曾为全国产粮县之冠的公主岭市人均欠债达164元。

第四，储粮难，加剧农民利益流失。由于粮食产量大幅度增长，从1983年以来一直存在卖粮难、储粮难的问题。从1983年开始，民代国储，据调查，民代国储平均损失比率高达5%～7%。农民储粮往往存在设备简陋、存储方式不合理的弊端，因此很容易造成粮食在存储过程中出现霉变等质量问题。由于国家给的代储费过低，农民多支付代储费数亿元之多。

第五，运粮难，其他部门发展受阻。粮食主产区每年有大量粮食运往粮食主销区，占用了大量的铁路和公路等运输资源，致使其他部门运输能力受阻，影响其他部门经济发展速度。

9.1.3 粮食主产区摆脱困境的途径

粮食主产区作为我国重要的粮食生产基地，其保障国家粮食安全供给的战略性地位不容改变，决不能放缓粮食生产进程。当前粮食主产区该如何摆脱所面临的主要困境呢？笔者认为必须从多种途径寻求解决措施。

第一，改善粮食生产经营环境，提高粮食经济效益。在粮食生产中，造成农民收益下降，地方财政负担过重的基本原因是粮价过低和购销差价过大。因此，提高粮食收购价格，理顺粮食内部价格关系，是改善粮食经营环境，解决粮食生产所带来的困扰的根本对策。对此，人们已作了较多的探讨，在此不作赘述。笔者想要说明的是，尽管粮价调整是解决粮食效益低的根本途径，但这种办法在短期内是无法一步到位的，只能是一个长期的过程，近期内粮价只能在一定范围内得到相对调整。这是由于粮价的提高须以消费者的承受能力和国家财政承受能力的提高为前提，而这两方面承受能力的提高又是以城市各部门的劳动生产率提高为基础，即要将粮食涨价造成劳动力成本提高的部分消耗在企业内部和以财政收入的增长部分来补偿，而不是轮番涨价，把由粮价造成的劳动力成本提高的部分再度转嫁出去。近年来各种产品之间的轮番涨价，除了其他方面的因素外，一个重要原因就是在于忽视了社会劳动生产率提高这个物质前提。尽管粮价在比价关系中处于不合理的地位，但是原有的比价关系是历史上长期形成的，反映了一定的利益结构关系，粮价的调整势必牵动社会利益的调整。从消费者利益和社会安定的角度来说，必须随着消费者实际工资水平的提高而使粮价水平提高。就目前而论，我国国民经济发展处于供给侧结构性改革不断深化阶段，低产能、高能耗的企业逐渐被市场淘汰，企业必须转型升级才能走得更长远，造成部分企业产能下降、开工不足。同时国家对粮食政策开展进一步调整，避免政府对粮食价格的过度干预，积极促进粮食价格由市场决定。因此，在近期内难以通过价格调整使粮食生产与经营状况得到根本好转，不宜对调价寄以过高期望。

　　除了逐步调整粮价外，改善粮食生产与经营环境的另一个重要措施就是稳定农业生产资料价格。农民种粮收益下降，不仅在于粮价提高过慢，同时也在于农业生产资料价格上涨过猛，抵消了粮价调整给农民带来的收益。农业生产资料实行专营后，农资价格趋于稳定。今后的问题是如何合理确定农产品与农资价格之间的比价关系。为了防止今后再度出现来自农业生产资料流通领域对农业生产的冲击，国家应当制定农业生产资料的流通法，以确保农民利益不再流失。除此之外，逐年攀升的地租水平尤其给粮食主产区农户形成了较大的成本负担，影响了规模化生产。基于此国家应积极推进各级土地流转市场的建立，形成合理有效的土地流转机制，使土地流转走向制度化、规范化，保护流转土地双方权益。

第二，调整产粮区产业结构，强化地方经济造血功能。在13个粮食主产区中，除少数几个经济强省的产业结构较为合理外，多数农业大省的经济产业结构出现失衡、发展不合理，暴露出较多问题。过大的农业比重，使财政收入负担过重，并且占用了大量的信贷资金，削弱了工业发展的能力。而工业发展缓慢、效益低下，又使财政收入能力降低，由此又限制了工农业生产的发展，形成自我抑制的低效循环。这是多个粮食主产区省份产业结构低下的必然结果。从我国经济发展来看，财政对于农业的扶持只能强化而不能削弱，而要提高各级财政支援农业的能力，必须强化地方经济的造血功能。以问题表现较为突出的吉林省为例，吉林省目前的财政状况是每年全省财政收入的总和不及一个大连市，在中部的13个玉米生产大县中，12个是补贴县。各商品粮基地县的农村产业结构表现出了以农业为主，而农业中以种植业为主，种植业中以粮食为主，粮食中以玉米为主的层层单一的畸形结构。在工农业总产值中，农业产值占69%，由于农业比重过大，占用了大量资金，限制了其他产业的发展。在工业结构中，重工业比重过大，缺少具有市场竞争能力的产品。全省超亿元的大型企业仅有4家。财政收入超亿元的城市也只有4个。整个地方经济表现出一种贫血症状。因此，实行地方产业结构转换，强化地方经济机体功能，应成为稳定农业发展的基本战略。从宏观经济政策来说，对产粮大省应采取优化产业结构功能，为粮食生产创造良好的外部环境条件的政策。改善农民经营结构包括两个方面：一方面是实行农牧结合的经营结构。随着人们生活水平的提高，恩格尔系数下降，人们更多地注重食品的质量，因此农民作为农产品的供给者，需要满足农产品多样化的市场需求。对粮食主产区多数农民来讲，家庭经营结构较为单一，主要是以种植粮食作物为主，而 2015 年中央一号文件提出开展粮改饲和种养结合模式试点，促进粮食、经济作物、饲草料三元种植结构协调发展。粮食主产区中像山东、四川、河南、河北、黑龙江、湖南、湖北、辽宁、安徽、内蒙古等作为畜牧业大省，农业产值中畜牧业产值仅次于粮食产值，但对于农民收入的贡献低，主要是由于很多农户缺乏资金、技术支持，经营成本高，最终放弃牲畜养殖。部分粮食主产区地理条件适宜种植青贮玉米，农民可以根据畜牧市场需求增加青贮玉米的种植比例，实行种养结合的经营模式，直接减少了饲料成本。政府应该给予政策支持，可以通过农业技术推广站加强新技术培训，积极普及适宜本地的新品种、新技术和新设备，使农民直接获得使用新的生产要素所需要的技能和知识，鼓励农民规模专业化养殖。另一方面是发展粮经结合的经营结构。调整农业种植结构是国家农业供给侧结构改革的目标之一，2017 年主要玉米产区调减籽粒玉米面积 2000 多万亩，很多玉米非优势产区要退出玉米生产，而种植经济作物的收益也是比较可观的，具有极大的可行性。因此不同的地区应该种植适宜本地的经济作物，促进农民增收。

　　第三，调整粮食增长速度，促进资源合理配置。从目前的形势看，粮食主产区的粮食生产不宜再提更高目标，而应进入稳定增长时期。之所以如此，原因有二：其一，在现有的技术条件、现有的投入水平、现有的要素价格和产品价格条件下，粮食单产水平已趋近边界，甚至有的产区资源边际生产力已趋近于零。据典型户调查，玉米的亩收益（主产品）的增量已补偿不了亩成本的增量，收益增量出现负数。从资源合理配置角度说，在此种境界上，不应再继续向土地盲目追加投入，而应按照盈利原则，引导和鼓励农民向其他生产部门投资，以提高投资效益。而其他部门的发展，又可以反过来促进粮食生产的发展。其二，由于加工转化能力限制和运输调节能力的限制以及库存能力的限制，卖粮难、储粮难问题至今尚未解决。并且由此造成明显的经济损失。如果粮食继续以较大幅度增长，势必加剧这种损失浪费。与其鼠窃虫腐，不如适当控制产量增长，促进要素适当向其他部门流动，实现要素合理配置，以促进农村产业协调发展，为粮食生产的进一步发展，创造良好的外部环境条件。

第四，搞好粮食加工转化，促进粮食增值。当前粮食主产区的粮食经营模式多停留在原料输出和初级加工阶段。粮食主要以原粮形式调往省外或出口，加工品、畜产品的转化能力较低，虽然粮食实现了连年增长，却没有实现产值的大幅增加。粮食加工企业对粮食的加工也仅停留在一级或二级加工，深加工企业数量少、技术层次低、深加工能力欠缺，因此导致粮食的附加值低，粮食给地区带来的经济增值有限。根据相关研究测算，对粮食进行深加工一般可将其价值提高 2~3 倍，最高可达几十倍甚至上百倍，所以说对粮食进行深加工不仅可以解决当前我国粮食库存压力过大的局面，也可以为地区经济注入新的活力。因此，从粮食主产区发展战略上说，应当注意粮食产品的深度开发，在主产区的基础上，同时建设畜产品生产基地和食品加工基地，就地扩大粮食的价值效应。而这一切在目前来说，不在于解决认识上的问题，而在于如何制定合理的产业发展政策和商品粮基地建设的政策，使商品粮基地沿着粮食基地 + 畜产品基地 + 食品加工基地这样一个多元复合的农产品生产基地的模式发展，并通过宏观上的投资政策、产业结构和生产布局政策予以保证。

9.2 制约粮食主产区农民收入增长的原因

改革开放以来，随着家庭联产承包责任制逐步建立，我国农民人均收入快速增长。人均收入由 1978 年的 133.6 元增长到 2018 年的 14617.00 元，增长了 108.41 倍，年均增长率为 12.45%，农民人均收入发生了翻天覆地的变化。其中，粮食主产区农民人均纯收入由 1978 年的 127.60 元增长到 2018 年的 14759.32 元，增长了 114.67 倍，年均增长 12.61%。粮食主产区农民人均纯收入超过全国平均水平。在农民收入构成中，家庭经营性收入是家庭收入的主要来源，尤其对粮食主产区农民而言，家庭经营性收入在家庭总收入中所占比重远高于全国农民平均水平和非粮食主产区农民水平。1978 年粮食主产区农民家庭经营性收入在家庭收入中占比为 62.85%，通过农业获得的收入成为主产区农民家庭的重要收入来源。随着我国经济体制改革和提倡多种经营方式，家庭经营性收入在家庭总收入中所占比例整体呈现下降趋势。虽然到 2018 年这一比重下降到 40.57%，但仍然明显高于非粮食主产区水平和全国水平，透过这一点可以说明当前粮食收入依旧是我国粮食主产区农民的重要收入保障。因此，确保粮食主产区农户收入稳定增长对于保障我国粮食稳产、增产具有重要的战略意义。

种植业收入是粮食主产区农户的主要收入来源，但是从家庭收入结构中看，工资性收入、财产性收入、转移性收入也是主要组成部分，以种植业为主，多种渠道实现增收是当前农民获取收入的常态。从工资性收入看，粮食主产区相对于非主产区省份的工业企业少，因此农民在本省就业的机会少，而完全离开土地外出务工又不现实，因此工资性收入在家庭总收入中占比小于家庭经营性收入。2018 年粮食主产区和全国农民工资性收入在家庭总收入的占比分别为 36.89% 和 41.02%，表明工资性收入对主产区农户而言是实现增收的途径，但不是主要收入来源。从财产性收入看，财产性收入在家庭性收入中所占比重随着总收入的增加而增加。财产性收入相对于其他收入在总收入所占比重最小，但呈现出逐年增长的趋势。由于财产性收入的基数相对较小，增幅也并不高。粮食主产区农民的财产性收入占比和增幅均略高于全国平均水平。从转移性收入看，近年来随着国家不断加大对农业的扶持力度，主产区农民的转移性收入占比呈现上升趋势。国家的一些农业政策，例如粮食直补、农业税减免等政策，为粮食主产区农民增收创造了有利的外部条件，粮食补贴政策提高了农民种粮积极性，有效促进了粮食主产区农民收入增长。

吉林省粮食产量连年递增，粮食增产并未给农民带来丰收的喜悦。秋粮收购后，出现了粮价下跌，市场购销冷落的现象。每年丰收过后，农民手中都有大量的粮食待销，约占当年粮食总产量的1/3。农民手中粮食滞销，在客观上产生了两种负效应：其一，影响了农民种粮积极性。农民种粮食积极性受粮价影响较大，在粮食年度市场粮价上扬的影响下，种粮积极性高涨，投入热情高，各粮食主产区粮食种植比例显著增大。而在收获之后，粮价大幅度回落，收益剧减，挫伤了农民的种粮积极性。其二，影响了来年的粮食生产投入。粮食收入是主产区农民收入的主要来源，约占家庭收入的70%，1/3的粮食滞销，使农民手中粮食不能转化为现金，农民手中现金短缺，无力购买生产资料。粮食滞销成为制约农户收入增长的主要问题，具体原因主要包括下面几点：

第一，粮食供给总量增加。粮食主产区农民手中粮食滞销，从根本上说，反映了我国粮食市场上供求关系的变动。我国粮食供给增加大致来自于三个方面原因：一是我国粮食增产；二是进口粮食增加；三是减少粮食出口。我国现阶段粮食市场的调节能力总体看是比较脆弱的，少一点受不了，多一点反应也很敏感。从粮食进口情况看，主要集中在南方一些省份，而这些省份多为我国粮食主销区。某类粮食的到岸价格甚至低于国内的价格，粮食价格倒挂现象尤为突出，成为粮食滞销的主要因素之一。

第二，粮食收购资金不足。各粮食主产区省份的商品粮总量大，每年收购资金由地方和国家共同筹集。由于部分主产区省份的粮食企业长期亏损挂账，自筹能力十分有限。国家为了控制通货膨胀率上涨，稳定物价，粮食收购资金实行分期到位。有些粮食大县筹集到的收购资金不到需求量的1/10。由于秋粮收购资金不足，收购数量有限。从粮食主销区客户看，同样面临收购资金不足的问题，使主销区客户收购量明显少于往年。

第三，农民的惜售心理延缓了粮食出售。近年来市场粮价不稳定，差价大。当农民的市场心理仍停留在以往出现的高价位上，不愿接受市场上的低价，一直期望粮价有所回升，故而持粮不售，造成大量商品粮滞留在手中。

总结粮食主产区农民手中粮食滞销的问题，有两个特点：一是粮食滞销和国家的宏观政策直接相关。国家的粮食进口政策和粮食收购资金政策都从不同角度、在不同程度上导致了粮食市场供求关系的变化，在一定程度上减少了对主产区粮食的需求。二是表现出农民对市场低价的一种抗拒心理。农民不愿接受市场的低价水平，情愿挨到夏季卖干粮，企盼市场价格有所回升。由农民手中粮食滞销的经济现象，可发现我国在粮食生产与经营中的一些问题。

第一，现行的粮食经营体制难以起到调节市场供求的作用。在我国粮食放开经营后，实行多渠道经营，除了粮食部门经营粮食外，供销社系统、外贸部门、乡企部门和粮食加工企业纷纷进入市场，从事议价粮购销活动。但这些部门的经营活动都是市场行为。往往是粮食少了多渠道，粮食多了主渠道，和宏观调节的方向相悖。

第二，在粮食实行自求平衡的政策后，国家对粮食主产区的卖粮难问题估计不足。国家曾经实行过"米袋子"省长负责制，各省粮食自求平衡。这一政策的实施，促进了粮食生产的发展，提高了粮食商品率和自给率。但是，在粮食自给率提高后，在一定程度上缩小粮食主产区的市场。这在丰收的年景下表现得明显，使市场变为买方市场，导致主产区卖粮难。对这一问题，在宏观上是估计不足的。

第三，粮食主产区无力筹集大量收购资金。在粮食热销的情况下，多渠道收购，可分散收购资金的压力，而且粮食收购资金周转较快。而在粮食滞销的情况下，主要依靠粮食部门这一主渠道收购，要求较充足的收购资金，而且在这种情况下，收购资金周转也较慢。

9.3 实现粮食主产区农民增收路径

改革开放四十年来，中国经济发生了翻天覆地的变化，人均收入水平有了巨大改观。在取得这些耀眼成绩的同时我们也要看到城乡居民收入差距不断扩大的现实，因此提高农民收入十分必要。这不仅是实现全面建成小康社会的必然要求，也是实现乡村振兴、建设社会主义新农村的总体要求。对于以粮食收入为家庭主要收入来源的粮食主产区农民而言，逐步提高他们的收入更利于鼓励其种粮积极性，促进粮食稳产、增产，保障我国粮食安全供给。

9.3.1　畅通主产区粮食销售路径

实现主产区农民增收，首先需要解决粮食滞销问题：

第一，不断完善粮食进口政策。当前政策下，南方主销区直接从国际市场进口粮食，自然减少了对主产区粮食的需求。同时，对部分产粮大省又限制出口。这种"一开一闭"的政策，难免不对国内粮食主产区产生冲击。在进口管理上，国家实行只限数量，不限品种的政策，因此在国内粮食供给上出现失衡。建议国家在制定粮食进出口政策时，要把粮食进出口行为对国内粮食市场，特别是粮食主产区的影响考虑进来，不应发生粮食进口对国内粮食主产区产生冲击的现象。事实上，目前国内粮食价格在国际市场上已失去竞争力。国际市场粮食价格低于国内市场粮食价格，例如国内玉米尽管质量一般优于国际市场，但由于从国外进口玉米具有到货集中、及时、损耗小的优点，而且价格有时低于国内价格，使南方玉米销区更倾向于从国外进口，在这种情况下，若没有宏观政策的调控和保护，势必损害粮食主产区的利益。

第二，国家应为粮食主产区提供足量的收购资金。由于收购资金短缺，使粮食进入不了市场，其中最大的受害者是农民。农民的粮食转化不了现金，生产生活都受到影响。大量粮食积压在农民手中，会因为鼠盗、虫咬、霉变造成较大的损耗。使农民受到多重损失，将严重挫伤农民种粮的积极性。建议国家从粮食主产区的市场现状出发，提供足量的收购资金，尽快将积压在农民手中的粮食转化为现金。这样才有利于稳定农民的种粮积极性，实现粮食主产区粮食生产的持续发展。

第三，适当扩大国家专储粮规模。粮食主产区承担着国家专储的任务。在粮食收购渠道减少，农民手中粮食滞销的情况下，国家应当适当扩大专储粮食规模，以扩大市场收购量。作为国家的专储粮制度，应具有较大的弹性，发挥调节市场关系的作用。

第四，不断完善粮食政策。农业作为特殊性产业，需要政策性扶持，合理的政策不仅能够引导农民积极生产，更能实现农民增收。政策的制定一定要符合市场的规律与农民的诉求，保护农民的利益。

9.3.2 发展粮食转化产业

粮食主产区具有显著的粮食生产优势，增加农民收入的路径包括多个方面，但最直接的路径则是依托粮食资源优势，发展粮食转化产业，这对农民增收至少可以产生三重积极效应：①有利于减少农民卖粮难所导致的利益流失。卖粮难问题的存在，除了使农民不能及时顺利地出售粮食，完成粮食由使用价值形态向价值形态的转变外，粮食价格往往处于较低的水平，减少农民卖粮的收益。发展粮食转化产业可以增加粮食的就地需求，起到拉动粮价的作用。②有利于拓宽农民增收渠道。一方面，农民可以利用丰富的粮食资源发展畜牧业，例如成为专门的畜牧专业户或开办较大规模的畜牧农场，增加来自于畜牧业的收入；另一方面，农产品加工业属于劳动力密集型的产业，通过农产品加工业的发展，吸收更多的农业剩余劳动力在加工企业就业，增加农民的工资性收入。③有利于推进农业规模经营。在粮食转化产业形成较大的发展规模之后，可使更多的农民从土地上转移出来，专门从事粮食转化产业的劳动，或是放弃承包土地，专门从事加工业劳动，成为加工业的工资劳动者。与此同时，推动土地相对集中，扩大土地经营规模，增加农民的收入。

实现粮食主产区农民增收要以粮食优势为依托，实现产业升级。粮食转化产业是最有开发效率、与农民增收具有较高相关度的产业，因此应在发展粮食转化产业中继续拓宽农民增收之路。

第一，推进精品畜牧业战略的实施。畜牧业与粮食关系密切，畜牧业发展所需要的饲料来源于粮食种植。目前我国的畜产品市场呈现明显的分层化趋势，收入弹性较高的畜产品比较紧缺，而大众化的畜产品基本供求平衡。因此，首先要注重开发潜力较大的精品市场，在发展精品畜牧业上下功夫。给农民以金融上的支持。资金短缺是农民向土地以外扩展经营内容的重要限制因素，我国目前的农业金融体制远未能给农民以应有的支持，使农民难以实现向农业以外发展的愿望。其次，要重视畜牧业公共服务体系建设。主要包括以无规定疫病区建设为基础，为从事饲养业的农户提供公共防疫服务。精品畜牧业战略的实施，前提是要切实完成无规定疫病区的建设，给畜产品生产一个安全的环境。最后，要加快提升畜牧业生产的组织化程度。畜牧业生产具有商品率高的特征，对市场有高度的依赖性，分散的农户很难应对千变万化的市场，必须把农民组织起来，有组织地进入市场。提高农户在畜产品生产中的组织化程度，主要是发展畜牧业产业化经营和发展农民专业性的合作经济组织。和农业中的其他产业相比，畜牧业更适合于产业化经营。要通过牧业产业化龙头企业把千家万户的农民整合到产业经营组织中来，降低农户的市场交易成本。在畜牧业发展中，发展专业性的农民合作经济组织是提高农民组织化程度的另一个重要路径。专业性的农民合作经济组织主要是为农民提供产前产后的各种服务，起到降低交易成本的作用，同时可以显著降低农民的市场风险。事实上，牧业产业化经营也离不开专业性农民合作经济组织的存在和发展，专业性合作经济组织是连接龙头企业与农户的桥梁。

第二，制定切实有力的农产品加工业发展措施。农产品加工业是粮食转化产业的主体部分，也是经济发展中的朝阳产业。无论是畜产品加工还是粮食深加工，在粮食主产区都具有十分深厚的潜力。推进农产品加工业的发展，将会吸收更多的农业劳动力，增加农民的工资性收入。从粮食主产区农产品加工业的发展现状看，加快农产品加工业发展至少要解决三个方面的问题：①努力培植农产品加工龙头企业。龙头企业的缺失对农业发展缺少应有的辐射作用，而且发展不平衡。应努力创造软环境，推进农业产业化龙头企业的发育和成长。

②加快产品的深度开发。产品的深度开发既涉及产品的市场竞争力，又涉及加工业的行业规模。深度开发的实质是产业链的加长，意味着行业规模的扩大。只有实现加工业行业规模的扩大，才有利于增加农业劳动力到农业以外就业的机会。③制定并实施有力度的产业政策。从中外各国产业成长的历史来看，每个支柱产业的发展都离不开政府产业政策的支持，从粮食主产区农产品加工业发展的进程看，至今尚未能形成有力度和有效率的产业政策，包括金融支持政策、科技政策、税收政策等。通过产业政策的倾斜，推动农产品加工业快速发展，为农民创造更多的就业机会，以达到优化农民收入结构的目的。

农民是我国农业发展的核心，而粮食主产区农民对于我国粮食生产的重要性不言而喻。"三农"问题始终是我们党和国家的工作的重点，在乡村振兴与全面建成小康社会的关键节点上，解决好"三农"问题势在必行，其中提高农民收入是重中之重。切实提高粮食主产区农民收入需要国家、地方政府和农民三方一起努力，任何一个环节缺一不可。

参考文献

［1］ Avishay Braverman, Monika Huppi. Improving Rural Finance in Developing Countries ［M］. Finance and Development, 1991.

［2］ Balint B, Wobst P. Institutional factors and market participation by individual farmers: the case of Romania ［J］. Post – Communist Economies, 2006, 18 (1): 101 – 121.

［3］ Brian C. Briggeman, Allan W. Gray, et al. A New U. S. Farm Household Typology: Implications for Agricultural Policy ［J］. Review of Agricultural Economics, 2007, 29 (4): 765 – 782.

［4］ D. Gale Johnson. Can Agricultural Labor Adjustment Occur Primarily through Creation of Rural Non – farm Jobs in China ［J］. Urban Studies. 2002, 39 (12): 2163 – 2174.

［5］ Deininger. New ways of looking at old issues: Inequality and Growth ［J］. Journal of Development Economics, 1998, 57: 262.

［6］ Iddo Kan, Ayal Kimhi, Zvilerman. Farm Output, Non – farm Income and Commercialization in Rural Georgia ［J］. Agricultural and Development Economic, 2006 (3): 276 – 286

［7］ Johnson. Government and Agricultural Adjustment ［J］. American Journal of Agricultural Economics, 1973, 55 (5): 860 – 867.

［8］ K. Davis. Impact of Farmer Field Schools on Agricultural Productivity and

Poverty in East Africa［J］. World Development，2011，40（2）：402－413.

［9］Raphael O. Babatunde，Matin Qian. Impact of off－farm Income on Food Security and Nigeria［C］. Contributed paper for the 3rd Conference of Africa Association of Agricultural Economists，"Africa and the Global Food and Financial Crises"，Cape Town，South Africa. September 1923，2010（2）：1－30.

［10］Thomas Reardon. Using Evidence of Household Income Diversification to Inform Study of the Rural Nonfarm Labor Market in Africa［J］. World Development，1997，25（5）：735－747.

［11］安秦生，李强强，朱志明. 甘肃省农民收入结构变动对农业生产的影响［J］. 特区经济，2009（3）.

［12］曹艳杰. 影响农民收入提高的因素及对策选择［J］. 特区经济，2006（05）.

［13］曹跃群等. 基于小波变换的农民收入增长波动关系预测分析［J］. 华东经济管理，2009（5）.

［14］曾智，何蒲明. 粮食价格、农业技术进步对农民收入的影响研究［J］. 价格月刊，2019（7）.

［15］曾智，何蒲明. 我国粮食主产区农民收入影响因素研究［J］. 价格理论与实践，2018（7）.

［16］陈小军，李学灵，张尚豪. 农民收入增长的源泉：基于脉冲响应函数一个解释［J］. 统计与决策，2010（3）.

［17］陈艳. 我国农民收入增长的长效机制研究［D］. 华中农业大学，2005.

［18］丁建军. 湖南武陵山片区农民收入增长及演变特征的县际差异［J］. 经济地理，2014（10）.

［19］董国礼，李里，任纪萍. 产权代理分析下的土地流转模式及经济绩效［J］. 社会学研究，2009（1）.

［20］董亚珍．我国农村集体经济发展的历程回顾与展望［J］．经济纵横，2008（8）．

［21］杜聪慧．微观计量方法及其在农民收入问题方面的应用研究［D］．西南交通大学，2004.

［22］冯旭芳，班纬．乡村振兴战略背景下农民工资性收入影响因素的实证研究［J］．经济研究参考，2018（52）．

［23］高宏．吉林省农民收入结构分析［D］．吉林农业大学，2012.

［24］高延雷，王志刚，郭晨旭．城镇化与农民增收效应——基于异质性城镇化的理论分析与实证检验［J］．农村经济，2019（10）．

［25］高越，侯在坤．我国农村基础设施对农民收入的影响——基于中国家庭追踪调查数据［J］．农林经济管理学报，2019（6）．

［26］葛丽．广东农村产业结构与农民收入结构关系研究［D］．暨南大学，2008.

［27］宫斌斌，刘文明，杨宁，刘帅．吉林省玉米价格波动及其影响因素分析［J］．玉米科学，2017（2）．

［28］宫斌斌，杨宁，刘文明，刘帅．我国玉米目标价格政策的内涵及要点分析［J］．中国农机化学报，2017（9）．

［29］顾莉丽，郭庆海，胡志豪．玉米临储价格取消的传导效应及应对建议——来自吉林省的实践分析［J］．价格理论与实践，2016（11）．

［30］顾莉丽，郭庆海．玉米收储政策改革及其效应分析［J］．农业经济问题，2017（7）．

［31］顾莉丽，刘帅．玉米临储价格调整效应和玉米目标价格改革问题研究［R］．农业部软科学研究项目研究报告，2017.

［32］关浩杰．收入结构视角下我国农民收入问题研究［D］．首都经济贸易大学，2013.

［33］郭庆海．吉林省玉米产业发展面临的问题及对策［J］．玉米科学，

2011（5）．

　　［34］郭庆海．吉林省玉米市场竞争力探析［J］．经济纵横，2005
（12）．

　　［35］郭庆海．土地适度规模经营尺度：效率抑或收入［J］．农业经济问
题，2014（7）．

　　［36］郭庆海．我国商品粮基地建设面临的问题与对策——以吉林省商品
粮食基地为例［J］．当代经济研究，2005（10）．

　　［37］郭庆海．玉米产业供给侧结构性改革难点探析［J］．农业经济与管
理，2017（1）．

　　［38］郭庆海．玉米主产区：困境、改革与支持政策——基于吉林省的分
析［J］．农业经济问题，2015（4）．

　　［39］郭庆海．中国玉米加工业发展探析［J］．中国农村经济，2007
（7）．

　　［40］胡笛丽．四川省产业结构与农民工就业的相关性研究［D］．西南
交通大学，2010．

　　［41］胡晓农．对土地流转中金融支持及风险防范的思考［J］．金融与经
济，2009（5）．

　　［42］黄艳娴．欠发达地区农民收入结构变动对收入影响的量化分析
［J］．浙江农业学报，2012（6）．

　　［43］黄玉银．基于农户需求视角的基层农业技术推广方式转变研究
［D］．南京农业大学，2014．

　　［44］黄之慧，张云兰．财政支农对农民收入的影响研究——以广西为例
［J］．经济研究参考，2016（47）．

　　［45］纪韶，李小亮．建国70年来我国农村居民收入变化研究——体制改
革、制度创新视角［J］．经济问题探索，2019（11）．

　　［46］贾娟琪，李先德，孙致陆．中国主粮价格支持政策促进了农户增收

吗？——基于农业农村部全国农村固定观察点调查数据的实证研究［J］．华中农业大学学报（社会科学版），2018（6）．

［47］江金启，赵辉．农资价格波动与粮食主产区农民收入稳定［J］．农业经济，2008（12）．

［48］姜会明，孙雨，王健，吉宇琴．中国农民收入区域差异及影响因素分析［J］．地理科学，2017（10）．

［49］姜会明，王振华．吉林省工业化、城镇化与农业现代化关系实证分析［J］．地理科学，2012（5）．

［50］姜天龙，郭庆海．农户收入结构支撑下的种粮积极性及可持续性分析——以吉林省为例［J］．农业经济问题，2012（6）．

［51］姜天龙，郭庆海．玉米目标价格改革：难点及其路径选择［J］．农村经济，2017（6）．

［52］鞠方，李文君，于静静．房价、城市规模与工资性收入差距——基于中国 32 个大中城市面板数据的实证检验［J］．财经理论与实践，2019（5）．

［53］柯炼，黎翠梅，汪小勤，李英，陈地强．土地流转政策对地区农民收入的影响研究——来自湖南省的经验证据［J］．中国土地科学，2019（8）．

［54］雷平，詹慧龙．新形势下农民收入增长影响因素研究——基于国家农业示范区面板数据［J］．农林经济管理学报，2016（6）．

［55］李谷成，李烨阳，周晓时．农业机械化、劳动力转移与农民收入增长——孰因孰果？［J］．中国农村经济，2018（11）．

［56］李红阳，邵敏．城市规模、技能差异与劳动者工资收入［J］．管理世界，2017（8）．

［57］李慧泉，毛世平，李书峰．中国基础设施建设对农民增收的空间特征研究［J］．世界农业，2019（9）．

［58］李建勇．农民收入结构比较研究——基于中部六省数据的分析［J］．经济问题，2012（5）．

［59］李晶晶．吉林省农民收入增长变动的分析［D］．吉林农业大学，2017．

［60］李良．产业结构调整对区域间农村居民收入差距影响的研究［D］．西北农林科技大学，2009．

［61］李梦觉．工业化城市化发展与农民收入增长的实证分析［J］．经济从横，2008（6）．

［62］李梦娜，曾一萌．非农就业、基本医疗保险选择对农地流转的影响［J］．江汉学术，2019（3）．

［63］李明贤，刘宸璠．农村一二三产业融合利益联结机制带动农民增收研究——以农民专业合作社带动型产业融合为例［J］．湖南社会科学，2019（3）．

［64］李秋香．河南农村产业结构分析与评价研究［D］．河南农业大学，2007．

［65］李先玲．基于农民收入结构的农村土地流转分析［J］．特区经济，2010（10）．

［66］李向宇，张启春．农民工资性收入的影响因素及其区域差异研究——基于固定效应模型的实证分析［J］．湖北行政学院学报，2017（3）．

［67］李小红等．广西贫困县农民收入现状及可持续增长路径分析［J］．南方农业学报，2013（7）．

［68］李小军．粮食主产区农民收入问题研究［D］．中国农业科学院，2005．

［69］李小平．四川产业结构演变与劳动就业关联性研究［D］．西南交通大学，2007．

［70］李学忠．宁波市鄞州区农民收入结构演变轨迹与收入增长研究

［D］．宁波大学，2013．

［71］李雪，韩一军，王允．粮食主产区农民收入影响因素分析——基于冀鲁豫农户调研数据的实证分析［J］．华东经济管理，2019（10）．

［72］李亚云．新常态下我国农村金融改革的反思与新路径［J］．改革与战略，2016（12）．

［73］李义伦．粮食价格波动对农民增收的影响探析——以河南省为例［J］．中国农业资源与区划，2016（9）．

［74］梁凯膺．中国东北地区城乡居民收入差距问题研究［D］．吉林大学，2016．

［75］梁雯，桂舒佳．中国新型城镇化、农村物流与农民收入的关系研究——基于主成分分析和 VAR 模型［J］．哈尔滨商业大学学报（社会科学版），2019（4）．

［76］廖杉杉，鲁钊阳．农产品价格波动对农民收入增长的影响研究［J］．商业经济研究，2017（17）．

［77］刘景景．美国农业补贴政策演进与农民收入变化研究［J］．亚太经济，2018（6）．

［78］刘明辉，刘灿．人力资本积累对农民增收的门槛效应研究［J］．软科学，2018（3）．

［79］刘乃安，郭庆海，韩艳红．农业供给侧结构改革下我国农民增收的路径分析［J］．税务与经济，2017（2）．

［80］刘帅，郭焱．新型农业经营主体发展现状及对策建议［J］．农场经济管理，2013（11）．

［81］刘帅，吕一，王桂霞．供给侧改革背景下吉林省粮食结构变动再分析［J］．税务与经济，2019（2）．

［82］刘晓丽，潘方卉．农产品价格、农村劳动力转移与农民收入——基于 PVAR 模型的实证分析［J］．经济问题，2019（1）．

［83］刘秀兰，胡文君，付勇．西部民族地区产业结构对农民收入影响的实证研究［J］．西南民族大学学报（人文社科版），2010（7）．

［84］刘耀森．农产品价格与农民收入增长关系的动态分析［J］．当代经济研究，2012（5）．

［85］柳芳．农民收入结构变动与农民增收问题研究［D］．河南农业大学，2010.

［86］陆文聪，余新平．中国农业科技进步与农民收入增长［J］．浙江大学学报（人文社会科学版），2013（4）．

［87］罗东，矫健．国家财政支农资金对农民收入影响实证研究［J］．农业经济问题，2014（12）．

［88］罗富民．城镇化发展对农民家庭经营收入的影响——基于空间计量模型的实证分析［J］．西安财经学院学报，2019（6）．

［89］马艾，徐合帆，余家凤．粮食价格上涨还会促进农民增收吗——以小麦主产区为例［J］．价格月刊，2019（12）．

［90］马林靖，郭彩梅．非正规就业对居民收入的影响——基于PSM模型的实证分析［J］．调研世界，2020（3）．

［91］马凌等．江苏省农民收入结构的演变、成因与优化对策［J］．华东经济管理，2011（12）．

［92］马轶群．农产品贸易、农业技术进步与中国区域间农民收入差距［J］．国际贸易问题，2018（6）．

［93］孟德友，陆玉麒．基于县域单元的江苏省农民收入区域格局时空演变［J］．经济地理，2012（11）．

［94］孟祥吉．东北地区促进农民增收法律保障问题研究［J］．经济研究导刊，2009（2）．

［95］孟祥萍，郭庆海．吉林省农民收入持续增长的长效机制问题研究［J］．吉林农业大学学报，2005（4）．

[96] 潘文轩，王付敏．改革开放后农民收入增长的结构性特征及启示 [J]．西北农林科技大学学报（社会科学版），2018（3）．

[97] 蒲文彬．贵州农民收入结构变迁及政策选择研究 [J]．贵州师范大学学报（社会科学版），2010（2）．

[98] 任国强．人力资本对农民非农就业与非农收入的影响研究——基于天津的考察 [J]．南开经济研究，2004（3）．

[99] 任殊荣．河南农民收入结构变动及影响因素分析 [J]．河南农业大学学报，2007（2）．

[100] 任晓红，但婷，侯新烁．农村交通基础设施建设的农民增收效应研究——来自中国西部地区乡镇数据的证据 [J]．西部论坛，2018（5）．

[101] 石晓婧．吉林省农村金融发展对农民收入影响的实证分析 [D]．吉林财经大学，2014.

[102] 史常亮，栾江，朱俊峰．土地经营权流转、耕地配置与农民收入增长 [J]．南方经济，2017（10）．

[103] 宋莉莉．我国农民收入增长及差异研究——基于苏、豫、川三省的实证分析 [D]．中国农业科学院，2011.

[104] 苏继俊．吉林省农民收入问题研究 [D]．吉林大学，2008.

[105] 隋丽莉，郭庆海．"价补分离"政策对玉米种植结构调整效应研究——基于吉林省调研数据的分析 [J]．价格理论与实践，2018（12）．

[106] 滕秀梅，林亦平．从收入结构看农民收入提升路径 [J]．农业经济，2016（11）．

[107] 田帅，余晓洋，刘帅，刘文明．玉米价格变动对吉林省农民家庭经营收入的影响研究 [J]．玉米科学，2017（3）．

[108] 万宝瑞．新形势下我国农业发展战略思考 [J]．农业经济问题，2017（1）．

[109] 万年庆等．基于偏离—份额法的我国农民收入结构演进的省际比

较〔J〕．地理研究，2012（4）．

〔110〕汪海洋，孟全省，亓红帅，唐柯．财政农业支出与农民收入增长关系研究〔J〕．西北农林科技大学学报（社会科学版），2014（1）．

〔111〕王春超．农村土地流转、劳动力资源配置与农民收入增长：基于中国17省份农户调查的实证研究〔J〕．农业技术经济，2011（1）．

〔112〕王恩胡．中国转型期农民收入问题研究——基于二元经济社会结构的视角〔D〕．西北农林科技大学，2009．

〔113〕王焕英，王尚坤，石磊．中国产业结构对经济增长的影响——基于面板模型的研究〔J〕．云南财经大学学报（社会科学版），2010（2）．

〔114〕王科，张东山．现阶段农民收入结构的实证分析〔J〕．经济论坛，2007（12）．

〔115〕王朗，何蒲明．国内外粮食价差对农民收入的影响研究——以稻谷为例〔J〕．价格月刊，2018（2）．

〔116〕王立平，王健．中国产业结构变迁对区域经济增长影响分析——基于空间动态面板数据模型〔J〕．统计与信息论坛，2010（7）．

〔117〕王鹏飞，彭虎锋．城镇化发展影响农民收入的传导路径及区域性差异分析——基于协整的面板数据〔J〕．农业技术经济，2013（10）．

〔118〕王文霞．河南省农民收入结构变动趋势原因及对策分析〔J〕．河南科技学院学报，2010（1）．

〔119〕王小华．中国农民收入结构的演化逻辑及其增收效应测度〔J〕．西南大学学报（社会科学版），2019（5）．

〔120〕王哲，陈见影．新疆农民收入结构及区域差异分析〔J〕．农业现代化研究，2008（3）．

〔121〕温涛，何茜，王煜宇．改革开放40年中国农民收入增长的总体格局与未来展望〔J〕．西南大学学报（社会科学版），2018（4）．

〔122〕温智良．农民收入结构变化的实证分析：基于外出务工的视角

［J］．金融与经济，2009（2）．

［123］谢学军．基于农民收入结构视角下的农民增收问题研究［D］．东北林业大学，2010.

［124］辛岭，蒋和平．产粮大县粮食生产与农民收入协调性研究——以河南省固始县为例［J］．农业技术经济，2016（2）．

［125］徐安勇，吴秋贵．海峡西岸和谐社会建设背景下促进农民增收的若干策略［J］．台湾农业探索，2008（1）．

［126］徐晓红，郭庆海．不同兼业水平农户的玉米生产效率研究［J］．玉米科学，2018（3）．

［127］杨灿明，郭慧芳．从农民收入来源构成看农民增收［J］．中南财经政法大学学报，2006（4）．

［128］杨丽莎．农产品价格波动对农民收入的影响研究［J］．改革与战略，2011（9）．

［129］杨小玲，杨建荣．中国出口贸易与农民收入结构关系的实证分析［J］．湖南农业大学学报（社会科学版），2010（3）．

［130］杨渝红，欧名豪．土地经营规模、农村剩余劳动力转移与农民收入关系研究——基于省际面板数据的检验［J］．资源科学，2009（2）．

［131］杨园争．农民工资性收入流动的解构与影响因素——来自我国8省的微观证据［J］．调研世界，2019（7）．

［132］杨子，饶芳萍，诸培新．农业社会化服务对土地规模经营的影响——基于农户土地转入视角的实证分析［J］．中国农村经济，2019（3）．

［133］叶彩霞，李晓庆，胡志丽．我国农民收入结构影响因素研究——基于城市化的实证分析［J］．价格理论与实践，2010（7）．

［134］叶彩霞，施国庆，陈绍军．地区差异对农民收入结构影响的实证分析［J］．经济问题，2010（10）．

［135］殷金朋等．农民收入来源结构与中国城乡收入差距——基于PVAR

模型的经验分析［J］．财经论丛，2015（6）．

［136］尤梅芳．我国产业结构变动对农民收入结构的影响研究［D］．西南交通大学，2011．

［137］余晓洋，田帅，刘帅．杭州市农民工资性收入变动及其影响因素分析［J］．东北农业科学，2017（3）．

［138］余晓洋，吴兴宏，刘帅，刘文明．吉林省玉米生产县域空间变异及区位优势分析［J］．玉米科学，2017（4）．

［139］余志刚，胡雪琨，王亚．我国农民工资性收入结构演变的省际比较——基于偏离—份额分析［J］．农业经济与管理，2019（6）．

［140］翟绪军．农民收入结构视阈下的黑龙江垦区农民增收新途径分析［J］．黑龙江八一农垦大学学报，2010（4）．

［141］张德华．黑龙江省农民收入影响因素及对策研究［D］．东北农业大学，2013．

［142］张凤龙，臧良．农民收入结构变化研究［J］．经济纵横．2007（7）．

［143］张海燕．基于多元线性回归模型的四川农村居民收入增长分析［J］．统计与决策，2010（7）．

［144］张红军，刘玙璠．安徽农民工资性收入增长影响因素分析［J］．黑龙江八一农垦大学学报，2018（6）．

［145］张茗朝，姜会明．农民收入分化对经济增长的影响——基于吉林省1991—2014年的数据［J］．社会科学战线，2016（4）．

［146］张茗朝．吉林省农民收入结构问题研究［D］．吉林农业大学，2016．

［147］张鹏，王婷．农村劳动力转移对农民收入的影响研究——对重庆市开县的实证分析［J］．重庆大学学报，2010（5）．

［148］张守莉，杨宁，边爽．土地经营规模对农户种粮收入的影响分

析——以吉林省公主岭市为例［J］.中国农业资源与区划，2017（9）.

［149］张笑寒，金少涵.财政农业支出的农民收入增长效应——基于收入来源的角度［J］.南京审计大学学报，2018（1）.

［150］张玉鹏.农村非农产业扩容发展与农民工资性收入增长潜力探析［J］.河北农业科学，2009（7）.

［151］张征.广东省农村土地流转状况调研报告［J］.宏观经济研究，2009（1）.

［152］赵德起.从农民收入结构探寻增加农民收入的对策［J］.当代经济管理，2008（2）.

［153］赵德起.中国农村地权让渡的理论探索与路径选择［J］.财经问题研究，2007（3）.

［154］赵德起.中国农村土地产权制度效率分析——国家视角［J］.农业技术经济，2007（6）.

［155］赵海燕，刁海娜.美国农村金融体制及其借鉴［J］.世界农业，2014（4）.

［156］郑爱民，李中.土地流转、农民收入与人力资本投资决策——基于调查数据的实证分析［J］.系统工程，2018（3）.

［157］周雪松.农民收入稳定增长长效机制研究［D］.中国农业科学院，2012.

［158］朱思睿，刘文明，李晨曦，刘帅.玉米收储制度改革背景下吉林省农户生产经营困境及对策研究［J］.玉米科学，2019（5）.

［159］朱韵洁，于兰.人力资本投资与农民收入增长［J］.华东经济管理，2011（1）.

［160］朱志明.甘肃省农民收入结构变动对农业生产的影响［D］.兰州大学，2009.